杨青明 主编

赵鸿雁 徐文兵 何晨丽 向永红 张波 杨锦 徐蓉 张钦 张娜 著

形独

清华大学出版社

北京

内 容 简 介

本书在《点可点、非常点——中学数学中的格点问题》中提出的 CG 图的基础上，介绍了一种全新的智力游戏——形独，并在数学上对形独做了初步的探讨，把形独与流行的数独做了比较，相对于花式数独，给出了花式形独的概念，从易到难把形独分为一、二、三级，给出了空间形独的概念，为广大读者提供了大量形独游戏题目，供休闲娱乐和智力开发.

图书在版编目（CIP）数据

形独/杨青明主编. 一北京：清华大学出版社，2012.9（2021.8 重印）
 ISBN 978-7-302-30026-7

 Ⅰ. ①形… Ⅱ. ①杨… Ⅲ. ①智力游戏－青年读物 ②智力游戏－少年读物
Ⅳ. ①G898.2

中国版本图书馆 CIP 数据核字（2012）第 211511 号

责任编辑：张瑞庆
封面设计：常雪影
责任校对：李建庄
责任印制：杨 艳

出版发行：清华大学出版社
        网   址：http://www.tup.com.cn，http://www.wqbook.com
        地   址：北京清华大学学研大厦 A 座 邮 编：100084
        社 总 机：010-62770175   邮 购：010-83470235
        投稿与读者服务：010-62776969，c-service@tup.tsinghua.edu.cn
        质量反馈：010-62772015，zhiliang@tup.tsinghua.edu.cn
印 装 者：涿州市京南印刷厂
经   销：全国新华书店
开   本：145mm×210mm   印 张：9.875   字 数：265 千字
版   次：2012 年 9 月第 1 版   印 次：2021 年 8 月第 3 次印刷
定   价：39.99 元

产品编号：048925-02

前　　言

　　"形独"是一个新的名词,它来自两个方面,一是由《点可点、非常点——中学数学中的格点问题》(北京大学出版社 2011 年出版)一书中的概念 CG 图而来;二是与数独类比而来.

　　所谓 CG 图,就是在一个由边长为 1 的正方形构成的长方形网格里,给定一条折线,然后再作一条折线,使两条折线的首尾相连,并且它们的第一条线段与第一条线段互相垂直,第二条线段与第二条线段互相垂直……直到最后一条线段也互相垂直. 要求这两条折线的每条线段的端点都在网格的格点上. 通常作出的折线不是唯一的,因此,我们可以把 CG 图分为一解 CG 图和多解 CG 图,考虑到数独的唯一性,我们就把只有唯一解的 CG 图叫做"形独".

　　本书作为形独的第一本书,主要是介绍形独的基本概念,给形独爱好者提供足够多的题目供大家休闲娱乐、开发智力,期待形独玩家总结出解形独的一套行之有效的方法. 形独是一个数学概念,因此会有一些数学的结论,本书也为数学研究者提供了一些纯数学的结论,希望数学家和数学爱好者能进一步深入研究,

得出更多漂亮的结果,为形独奠定更坚实的数学基础.

因为图形具有直观性和多样性,呈现给人们的是千姿百态,有视觉冲击力,解出一个题就像绘出一幅画,既有智力的挑战,又有艺术的享受,所以能给艺术家灵感,做出形独画展;一个空间形独实际上就是一个建筑设计,希望在大型建筑里能看到形独的理念;形独可以作为电子游戏的素材,开发出各种各样的电子游戏供大家休闲娱乐、智力开发. 展开想象的翅膀吧! 你会从形独里得到许多的灵感;一步一步地努力吧! 你会从形独里得到意想不到的收获.

最后,我们用几句口号来激励你和我并结束前言:

形独从这里开始!

形独从你开始!

作　者
2012 年 8 月于清华园

目 录

形
独

第 1 章　形 独 简 介

关键词：垂直，连续，封闭，唯一，空间.

1.1　CG 图

定义一：在一个 $p \times q(p,q$ 为正整数$)$ 的网格中，有一条折线 $C：A_1\text{-}A_2\text{-}\cdots\text{-}A_n$，从 A_1 出发再作折线 $C'：A_1\text{-}B_2\text{-}B_3\text{-}\cdots\text{-}B_{n-1}\text{-}A_n$，如果 $A_1B_2 \perp A_1A_2$，$B_2B_3 \perp A_2A_3$，$\cdots$，$B_{n-1}A_n \perp A_{n-1}A_n$，我们就说这个封闭图形是一个 CG 图，其中 $A_1,A_2,A_3,\cdots,A_n,B_2$，$B_3,\cdots,B_{n-1}$ 都是格点，$C：A_1\text{-}A_2\text{-}\cdots\text{-}A_n$ 中连续三点不共线且 n 为大于等于 3 的整数.

注：CG 图是 $LCFG$ 图的简称，L,C,F,G 是连续、垂直、封闭、格点的汉语拼音的第一个字母.

为了方便起见，我们把折线 C 叫做"题"，折线 C' 叫做"解"，把封闭图形记作 CG 图 (C,C'). 因此，作 CG 图的过程就是给题求解的过程. 特别是当 (C,C') 是网格为 $p \times p$ 里的 CG，我们说它是 p 阶 CG.

下面我们看一个求解的过程.

例 1：在 10×10 的网格中，如图 1-1-1 所示，已知折线，求作一个 CG 图.

解：图 1-1-2 和图 1-1-3 就是满足条件的两个 CG 图.

从具体的作图来看，首先是解决求作一条已知线段的垂线问题. 下面我们来解决这个问题.

定义二：正方形网格中长为 a，宽为 b 的矩形叫做 $a \times b$ 形，

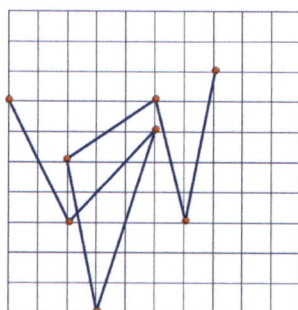

图　1-1-1

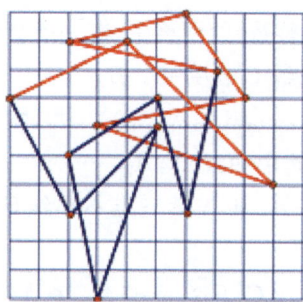

图　1-1-2

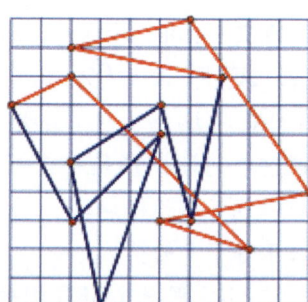

图　1-1-3

其中 $a \times b$ 形的顶点是格点,a,b 都是正整数.

例如,在图 1-1-4 中,$ABCD$ 就是 2×3 形,$BEFG$ 就是 2×1 形.

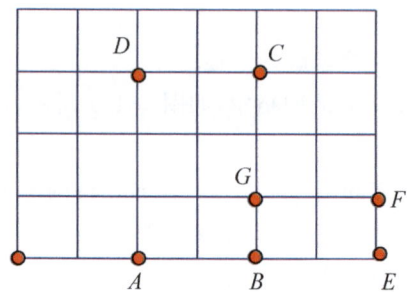

图　1-1-4

由三角形的全等和相似我们很容易得到以下定理.

定理一：$ma \times mb$ 形与 $nb \times na$ 形的对角线构成两对互相垂直的直线. 如图 1-1-5 所示，$AC \perp EG, BD \perp FH, AQ \perp MN$. 其中 a, b, m, n 都是正整数且 a, b 互质.

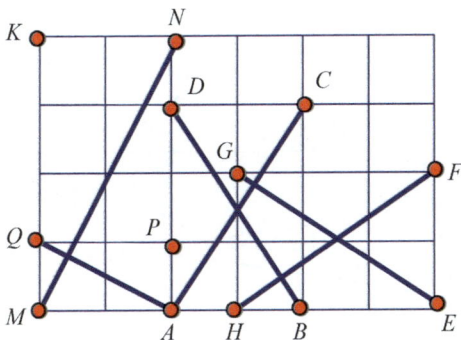

图　1-1-5

其次是满足封闭，目前主要是靠试求和一些特殊的技巧. 而求解的挑战性主要就在这里.

技巧一：唯一确定法.

可以从较长的线段入手，确定答案.

原理：在一个 $m \times n$ 的网格里，如果线段 AB 为 $a \times b$ 形的对角线且 a, b 互质，$a > 0.5n$ 或 $b > 0.5m$，那么过网格中任何一点最多可以作一条端点为格点的线段垂直于 AB.

例如，图 1-1-6 中过 M 作 EF 的垂线只能作一条.

技巧二：首尾逼近法.

从起点与终点同时作垂线，再试求中间的线段.

从求解的过程我们发现：

(1) 试求贯穿整个求解过程；

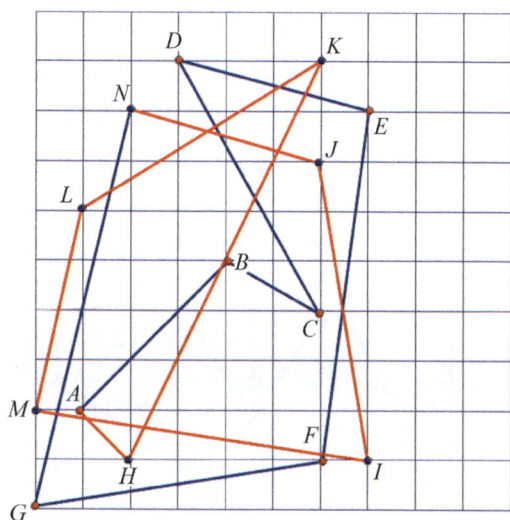

图 1-1-6

(2) 每一个垂直都是简单的;

(3) 封闭却是困难的;

(4) 往往是快做完才能发现自己的错误.

显然,正方形都是 CG 图,因此,对于 CG 图我们有

性质一:任何一个 $p \times q$ 的网格里都有 CG 图.

因为垂直具有交换性,因此 CG 图的题和解也具有交换性,于是对于 CG 图我们有

性质二:如果 (C, C') 是一个 CG 图,那么 (C', C) 也是一个 CG 图.

1.2 形独

形独就是有且只有一个解的 CG 图.

定义三:在一个 $p \times q(p, q$ 为正整数$)$ 的网格里,有一条折线

4

$C: A_1\text{-}A_2\text{-}A_3\text{-}\cdots\text{-}A_n$，如果有且只有一条折线 $C': A_1\text{-}B_2\text{-}B_3\text{-}$
$\cdots\text{-}B_{n-1}\text{-}A_n$，使得 $A_1B_2 \perp A_1A_2$，$B_2B_3 \perp A_2A_3$，$\cdots$，$B_{n-1}A_n \perp A_{n-1}A_n$，
我们就说由它们围成的图形是一个形独，其中 A_1，A_2，A_3，$\cdots$，
A_n，B_2，B_3，$\cdots$，B_{n-1} 都是 $p\times p$ 网格里的格点，$C: A_1\text{-}A_2\text{-}\cdots\text{-}A_n$
中连续三点不共线且 n 为大于等于 3 的整数．同 p 阶 CG 一样，
我们有 p 阶形独的概念．与 CG 图类似，我们把已知的折线 C 叫
做题，折线 C' 叫做解，将封闭图形记作形独 (C, C')．

例 2：如图 1-2-1 所示，在一个 9×6 的网格里，已知折线
$A\text{-}B\text{-}C\text{-}D\text{-}E$，求作其解．

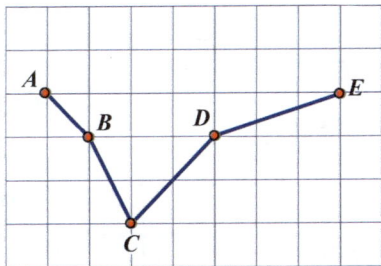

图　1-2-1

解：图 1-2-2 是以折线 $A\text{-}B\text{-}C\text{-}D\text{-}E$ 为题的形独．

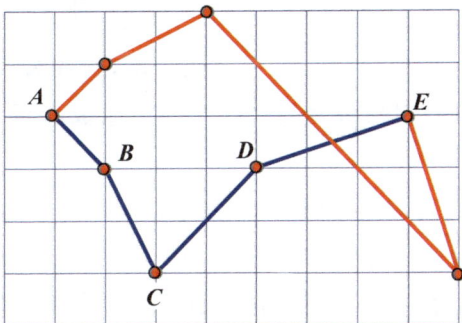

图　1-2-2

经过反复全面的试求,我们发现,图 1-2-2 的解为折线 *A-B-C-D-E* 的唯一解,因此,图 1-2-2 是一个形独.

形独与 CG 图的求解的方法及思路基本相同,都是通过基本垂直技巧加大量试求得到答案. 但由于形独的唯一性,它们的性质有很大差异.

性质三:在 $p \times q$ 的网格中,如果 (C, C') 是一个形独,那么 (C', C) 不一定是一个形独.

证明:如图 1-2-3 所示,以红线为题,蓝线为解,组成的封闭图形为形独;以蓝线为题,则有红线、绿线两个解,不为形独,如图 1-2-3 和图 1-2-4 所示.

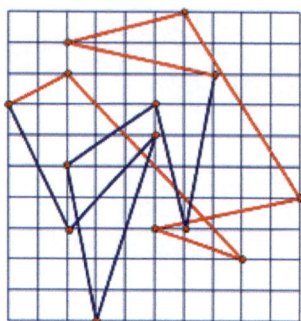

图 1-2-3

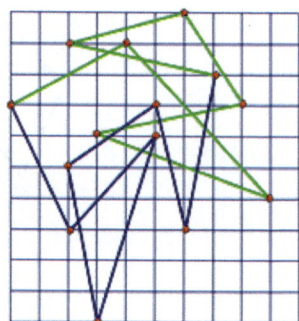

图 1-2-4

同时,如图 1-2-5 所示,以蓝线为题,红线为解,组成的封闭图形为形独;以红线为题,蓝线为解,组成的封闭图形也为形独.

综上所述,$p \times q$ 的网格中,如果 (C, C') 是一个形独,那么 (C', C) 可能是一个形独,也可能不是.

性质四:在 $p \times q$ 的网格中,如果 (C, C') 是一个形独,(C', C_1) 是 CG 图,那么 (C_1, C') 一定为形独.

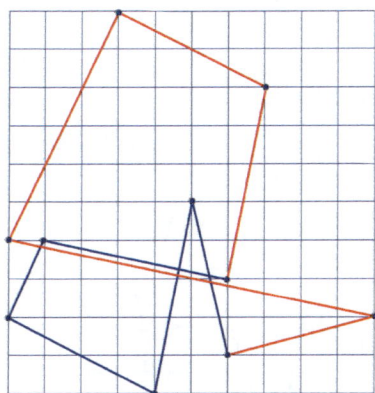

图 1-2-5

证明：我们用反证法证明这一问题.

在 $p \times q$ 的网格中,由于 (C', C_1) 是 CG 图,(C_1, C') 即为 CG 图,若 (C_1, C') 不为形独,则必有与 C' 不同的折线 C'' 与 C_1 组成 CG 图 (C_1, C''). 由于 C 和 C_1 同为 C' 的解,因此 C 与 C_1 的组成线段对应平行或在同一条直线上,又 (C_1, C'') 为 CG 图,因而 C_1 与 C'' 的组成线段对应垂直,因此 C 与 C'' 的组成线段也对应垂直,即 (C, C'') 为 CG 图,与 (C, C') 是形独相矛盾.

例如,在图 1-2-6 中,以红线为题,蓝线为解,组成的封闭图形为形独,红线、绿线都为蓝线的解,若绿线有蓝线以外的解,该解就必定为红线的解,与"以红线为题,蓝线为解,组成的封闭图形为形独"相矛盾,因此蓝线为绿线的唯一解,以绿线为题,蓝线为解,组成的封闭图形为形独.

因此,如果 (C, C') 是一个形独,(C', C_1) 是 CG 图,那么 (C_1, C') 一定为形独.

性质五：在 $p \times q$ 的网格中,有形独 (C, C'),设 C' 的一部分

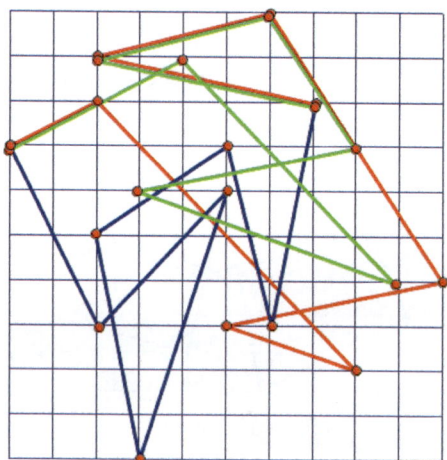

图 1-2-6

为 C''，若有折线 C_1 使 (C'', C_1) 是 CG 图，则 (C_1, C'') 是形独.

证明： 我们仍然用反证法证明这一问题.

在 $p \times q$ 的网格中，由于 (C'', C_1) 是 CG 图，(C_1, C'') 即为 CG 图，若 (C_1, C'') 不为形独，则必有与 C'' 不同的折线 C_2 与 C_1 组成 CG 图 (C_1, C_2). (C_1, C'') 与 (C_1, C_2) 都为 CG 图，因此 C'' 与 C_2 对应线段平行或共线，又 C'' 与 C' 剩余部分组成的折线与 C 对应线段垂直，将 C_2 与 C' 剩余部分组成的折线记为 C_3，则 C_3 与 C 也垂直，即 (C, C_3) 为 CG 图，与 (C, C') 为形独相矛盾，因而 (C_1, C'') 为形独.

例如，在图 1-2-7 中，红线是蓝线的解，绿线是红线一部分的解，若绿线还有其他解，则该解与红线剩余部分组成的折线就为蓝线的解，那么蓝线就有两个解，与"以蓝线为题，红线为解，组成的封闭图形为形独"相矛盾，因此红线的一部分为绿线的唯一解，以绿线为题，红线的一部分为解，组成的封闭图形为形独.

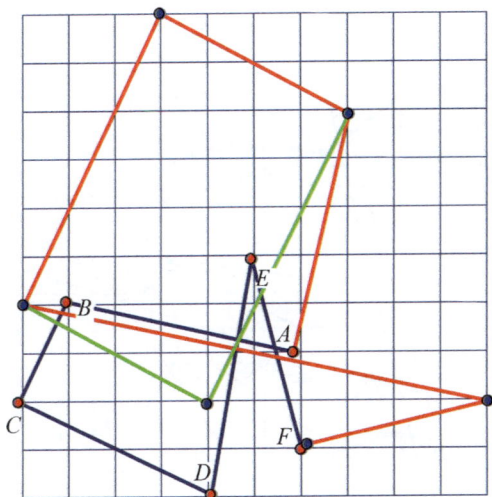

图 1-2-7

因此,在 $p \times q$ 的网格中,(C, C') 是形独. 设 C' 的一部分为 C'',若有折线 C_1 使 (C'', C_1) 是 CG 图,则 (C_1, C'') 是形独.

性质六:在任何网格中,都存在 4 条线段组成的形独.

证明:显然正方形都是形独,因此结论成立.

性质七:在无限大的网格中,不存在由 4 条以上线段组成的形独.

证明详见附录 1.

最大形独:由性质五,在无限大的网格中,不存在由 4 条以上线段组成的形独,而在 10×10 的网格中,有许多由 4 条以上线段组成的形独,详见本书第 3 章. 于是我们思考,若存在 4 条以上的 n 阶形独,那么 n 的最大值是多少?目前我们求得一个 15 阶形独,即在 15×15 的网格中仍存在 4 条以上的形独,如图 1-2-8 所示.

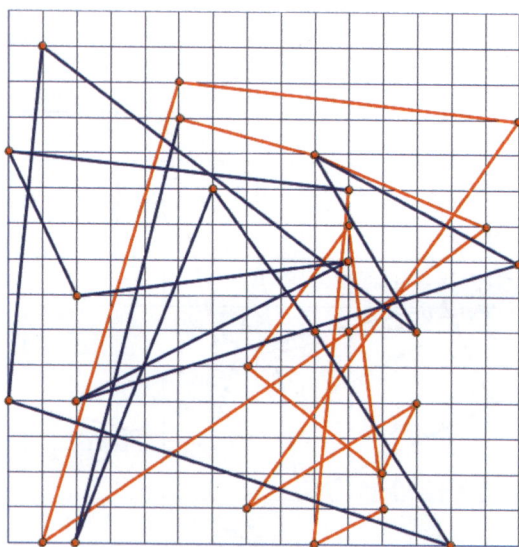

图　1-2-8

通过以上的学习,我们对形独有了一定的了解,但是形独的构造及证明仍然是一件困难而繁琐的事,题目中线段斜率多种多样,线段组合千变万化,难度也随着线条的增多而变大,这也正是形独的魅力之所在. 目前,我们有一些程序可以求解并验证形独. 有兴趣的读者可以做进一步的研究.

1.3　空间形独

前文讲了许多关于平面形独的问题,其中,图形都被局限在平面中,但是随着空间形独概念的引入,一条条线段从纸上一跃而起,而形独问题,也随之变得更加复杂而有趣.

在立体几何里,如果两条直线所成的角为 90°,则这两条直线相互垂直. 垂直包括相交垂直与异面垂直(不相交垂直).

定义四：在一个 $m \times p \times q(m, p, q$ 为正整数) 的网格中, 有一条折线 $C: A_1\text{-}A_2\text{-}A_3 \cdots \text{-}A_n$, 从 A_1 出发, 再作折线 $C': A_1\text{-}B_2\text{-}B_3 \cdots \text{-}B_{n-1}\text{-}A_n$, 如果 $A_1 B_2$ 垂直于 $A_1 A_2$, $B_2 B_3$ 垂直于 $A_2 A_3$, $\cdots$, $B_{n-1} A_n$ 垂直于 $A_{n-1} A_n$, 我们就说这个封闭图形是一个 CG 图, 其中 $A_1, A_2, A_3, \cdots, A_n, B_2, B_3, \cdots, B_{n-1}$ 是不在同一平面上的格点, $C: A_1\text{-}A_2\text{-}\cdots\text{-}A_n$ 中连续三点不共线且 n 为大于等于 3 的整数.

定义五：在一个 $m \times p \times q(m, p, q$ 为正整数) 的空间网格里, 有一条折线 $C: A_1\text{-}A_2\text{-}A_3\text{-}\cdots\text{-}A_n$, 如果有且只有一条折线 $C': A_1\text{-}B_2\text{-}B_3\text{-}\cdots\text{-}B_{n-1}\text{-}A_n$, 使得 $A_1 B_2 \perp A_1 A_2$, $B_2 B_3 \perp A_2 A_3$, $\cdots$, $B_{n-1} A_n \perp A_{n-1} A_n$, 我们就说由它们围出的封闭图形是一个空间形独, 其中 $A_1, A_2, A_3, \cdots, A_n, B_2, B_3, \cdots, B_{n-1}$ 都是 $m \times p \times q$ 网格中的格点, 且不都共面, $C: A_1\text{-}A_2\text{-}\cdots\text{-}A_n$ 中连续三点不共线且 n 为大于等于 3 的整数.

与平面 CG 图与平面形独类似, 我们把已知的折线 C 叫题, 折线 C' 叫解, 将封闭图形记作 $CG(C, C')$ 或形独 (C, C').

例 3：如图 1-3-1 和图 1-3-2 所示, 在 $2 \times 2 \times 2$ 的空间网格中求解.

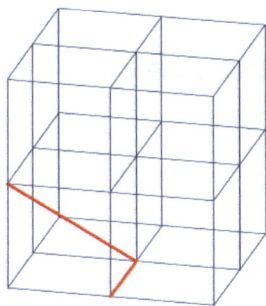

图 1-3-1

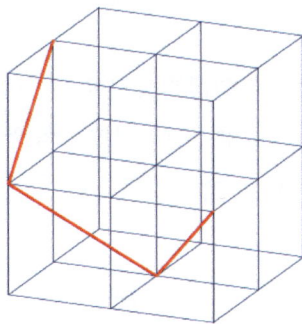

图 1-3-2

解：如图 1-3-3 和图 1-3-4 所示.

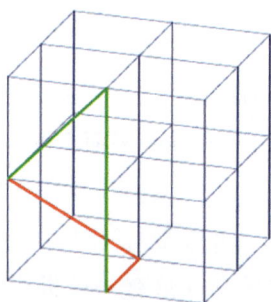

图 1-3-3

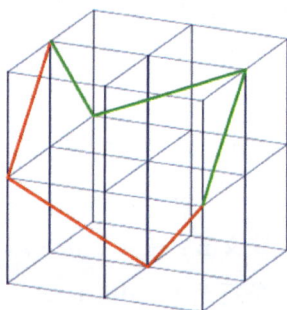

图 1-3-4

空间形独求解时，垂直的判断比平面形独复杂许多，可以使用勾股定理，投影等知识解决，而封闭问题与平面形独一样，要通过多次试求得到唯一的解.

关于垂直问题的判断：

（1）**三垂线定理**：在平面内的一条直线，如果和穿过这个平面的一条斜线在这个平面内的射影垂直，那么它也和这条斜线垂直.

如图 1-3-5 所示，BC 在 ABD 所在平面内的射影为 BD，$AB \perp BD$，因此 $AB \perp BC$.

（2）**勾股定理逆定理**：在一个三角形中，若两边的平方和等于第三边的平方，则该三角形为直角三角形.

仍以图 1-3-5 为例，$AB = \sqrt{2}$，$BC = \sqrt{3}$，$AC = \sqrt{5}$，因此 $AB \perp BC$.

（3）向量 $\boldsymbol{a} = (x_1, y_1, z_1)$ 与向量 $\boldsymbol{b} = (x_2, y_2, z_2)$ 互相垂直，则有 $\boldsymbol{a} \cdot \boldsymbol{b} = x_1 x_2 + y_1 y_2 + z_1 z_2 = 0$.

空间形独拥有与平面形独相同的一个性质.

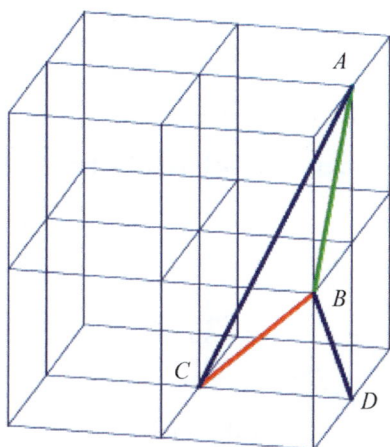

图　1-3-5

性质八：在 $m \times p \times q$ 的网格中,如果 (C, C') 是一个空间形独,那么 (C', C) 不一定是一个空间形独.

证明：如图 1-3-6 所示,以红线为题,绿线为解,组成的封闭图形为形独;而以绿线为题,则有红线、紫线等 4 个解,不为形独,如图 1-3-7 所示.

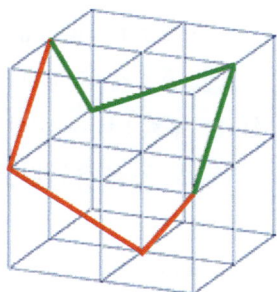

图　1-3-6

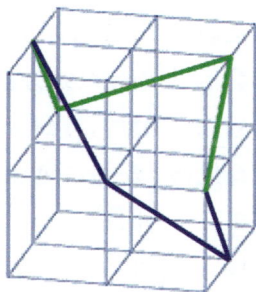

图　1-3-7

同时,如图 1-3-8 所示,以绿线为题,红线为解,组成的封闭图形为形独;以红线为题,绿线为解,组成的封闭图形也为形独.

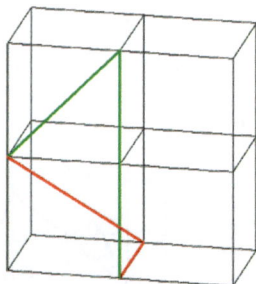

图　1-3-8

综上所述,$m \times p \times q$ 的网格中,如果 (C, C') 是一个形独,那么 (C', C) 可能是一个形独,也可能不是.

但由于空间中与一条直线垂直的直线构成一族平行平面,而平面中与一条直线垂直的直线构成一族平行线,正因为如此,空间形独不具有平面形独的后三条性质.

性质九:在 $m \times p \times q$ 的网格中,如果 (C, C') 是一个空间形独,(C', C_1) 是空间 CG 图,那么 (C_1, C') 不一定为空间形独.

证明:如图 1-3-9 所示,以红线为题,绿线为解,组成的封闭图形为形独;而以绿线为题,则有红线、紫线等 4 个解,同时以紫线为题,又有绿线,蓝线两个解. 即(红线,绿线)是一个空间形独,(绿线,紫线)是空间 CG 图,但(紫线,绿线)不是空间形独,参考图 1-3-9、图 1-3-10 和图 1-3-11.

同时,如图 1-3-12 所示,以红线为题,绿线为解,组成的封闭图形为形独,而以绿线为题,则有红线和紫线两个解,同时以紫线为题,只有绿线一个解. 即(红线,绿线)是一个空间形独,(绿线,紫线)是空间 CG 图,而(紫线,绿线)是空间形独,如图 1-3-13 所示.

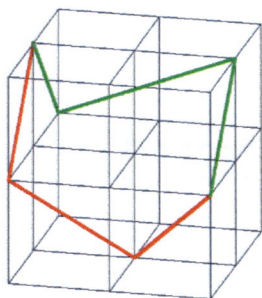

图 1-3-9

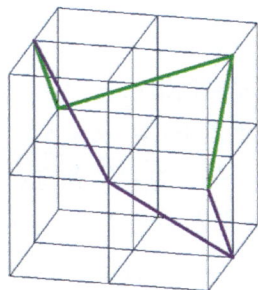

图 1-3-10

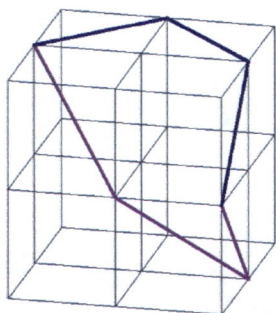

图 1-3-11

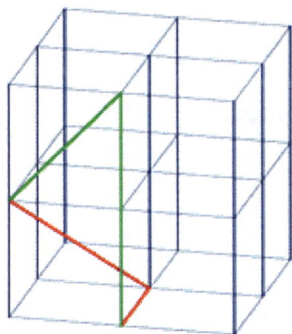

图 1-3-12

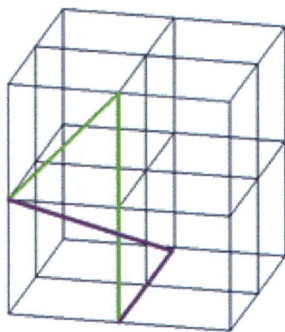

图 1-3-13

综上所述,在 $m \times p \times q$ 的网格中,如果 (C, C') 是一个空间形独,(C', C_1) 是空间 CG 图,那么 (C_1, C') 可能为空间形独,也可能不是空间形独.

性质十: 在 $m \times p \times q$ 的网格中,(C, C') 是空间形独. 设 C' 的一部分为 C'',若有折线 C_1 使 (C'', C_1) 是空间 CG 图,则 (C_1, C'') 不一定是空间形独.

证明: 如图 1-3-14 所示,以红线为题,蓝线为解,组成的封闭图形为形独;而以蓝线的一部分(橙线)为题,则有紫线等 22 个解,如图 1-3-15 所示,同时以紫线为题,又有橙线,绿线等 11 个解,如图 1-3-16 所示. 即(红线,蓝线)是一个空间形独,橙线是

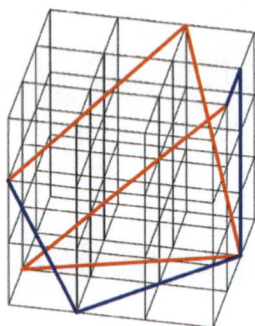

图 1-3-14

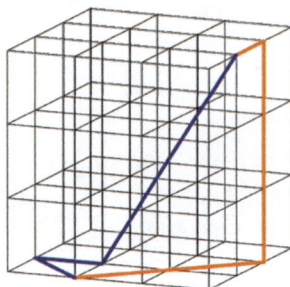

图 1-3-15

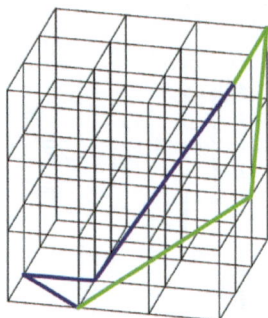

图 1-3-16

蓝线的一部分,(橙线,紫线)是空间 CG 图,但(紫线,橙线)不是空间形独.

　　同时,如图 1-3-17 所示,以黑线为题,蓝线为解,组成的封闭图形为形独,而以蓝线的一部分(绿线)为题,则有紫线等 13 个解,如图 1-3-18 所示,同时以紫线为题,只有绿线一个解. 即(黑线,蓝线)是一个空间形独,绿线是蓝线的一部分,(绿线,紫线)是空间 CG 图,而(紫线,绿线)是空间形独.

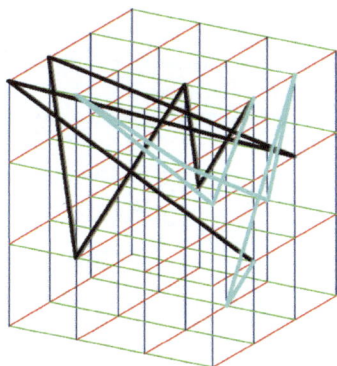

图　1-3-17

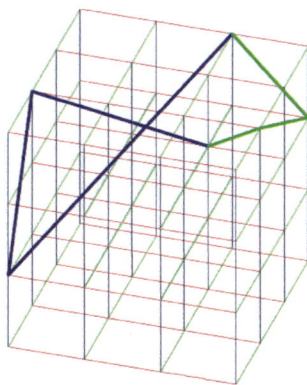

图　1-3-18

　　综上,在 $m \times p \times q$ 的网格中,有空间形独 (C, C'),设 C' 的一部分为 C'',若有折线 C_1 使 (C'', C_1) 是空间 CG 图,则 (C_1, C'') 可能为空间形独,也可能不是空间形独.

　　性质十一:在无限大的网格中,不存在空间形独.

　　证明详见附录 2.

　　$3 \times 3 \times 3$ 的空间形独与大众熟悉的魔方有异曲同工之妙,在此希望有兴趣的读者进行深入的研究,是否可以将三维形独镶嵌于魔方内部形成形独魔方. 本书第 5 章为读者提供了一些 $3 \times 3 \times 3$ 的空间形独供大家挑战.

由于空间 CG 图的多样性比平面 CG 图强很多,每一条线段都可以有许多不同平面上不同长度的线段与之垂直,解题过程更加繁琐,空间形独的发现和证明也更加困难. 由于空间形独在空间较大时情况非常复杂,我们一般使用边长为 $2\sim 9$ 的立方体构造空间形独. 目前,我们有一些程序可以求解并验证空间形独. 与平面形独相比,空间形独不易以报刊杂志上益智游戏的形式进入人们的生活,但是在建筑、玩具等方面,它具有更大的潜力.

第2章　形独与数独

数独是一项以数字为表现形式的益智休闲运动,近年来风靡世界,到 2012 年世界数独锦标赛已经举行了 7 届.本书所介绍的形独,则是以图形为表现形式的益智休闲运动,尽管它才刚刚起步,但是已具有其独特的数学魅力.

2.1　数独与形独解法比较

数独入门的门槛低,不受文化和国别语言的限制,只要认识数字 1～9,一支笔、一张纸就能玩;形独只要知道线段垂直的概念,同样也可以入门.那么数独入门的直观解法能否在形独中适用呢? 有些方法是可以的,下面本书将对此作出对比分析.

1. 单区唯一解法

如图 2-1-1 所示,B 行中已经出现了 8 个数字,因此 B5 中只能填写 1～9 中剩下的数字 2,这就是数独解法中的单区唯一解法.同理,F4 中只能填写数字 4,F9 中只能填写数字 2.

我们再来看形独图 2-1-2,由形独定义,若以 F4 为起点,第二个点可以在 E5、D6.以 C1 为起点,第二个点只能在 E2,这就是形独解法中的单区唯一解法.答案详见图 2-1-2-1.

在图 2-1-3 中,利用单区唯一解法能够确定哪个点? 易见,以 B3 为起点,第二个点只能在 A6.答案详见图 2-1-3-1.

	1	2	3	4	5	6	7	8	9
A				3					
B	1	3	8	9	?	5	7	6	4
C				6					
D				7			3	8	6
E				5			4	7	9
F				?			5	1	?
G				1					
H				8					
I				2					

图　2-1-1

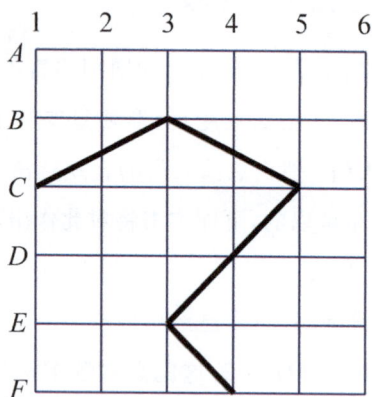

图　2-1-2

　　这种解法是解决形独问题重要的基本功之一,不仅在起点时可以应用,在确定中间点时也可以应用,熟练使用该技巧可以提升解题的整体速度.

2. 排除法

　　如图 2-1-4 所示,先看 A9,由于 B 行和 C 行中均已有 8,所

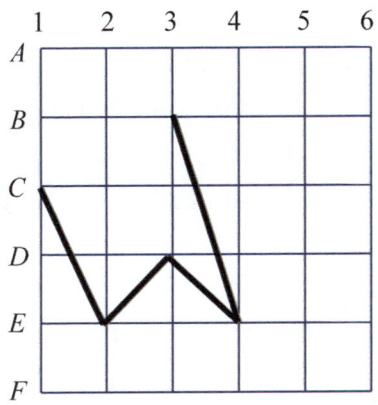

图 2-1-3

	1	2	3	4	5	6	7	8	9
A							5	4	?
B				8					
C		8							
D								8	
E	8								
F						?			
G			6						
H			?						
I					8				

图 2-1-4

以三宫中的 8 只能出现在 *A* 行，从而 *A*9 中应该填写数字 8. 再看 *H*3，由于第 1 列和第 2 列已经出现 8，所以七宫中的 8 应该在第 3 列中，而第 *I* 行已经有 8，所以 *H*3 中填写数字 8. 同理，*F*6 中也填写数字 8. 这是数独解法中的简单排除法. 它利用的是数独规则中同行、同列、同宫中 1～9 每个数字只能出现一次. 在数独解法中，排除法是非常实用的技巧.

在形独中,排除法同样实用,例如,在图 2-1-5 中,以 C1 为起点,第二个点可以在 B3 和 A5. 如果第二个点在 A5,如图 2-1-6 所示. 那么第三个点在给定网格中无解,所以 A5 被排除. 这就是形独解法中的排除法. 它利用的是形独格点的特点以及前后两点间的关联. 这是形独解法中很实用的技巧. 答案详见图 2-1-5-1.

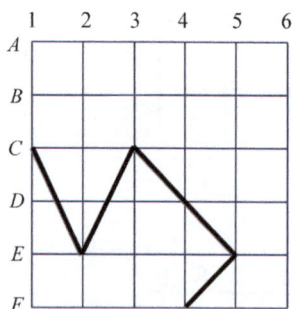

图 2-1-5

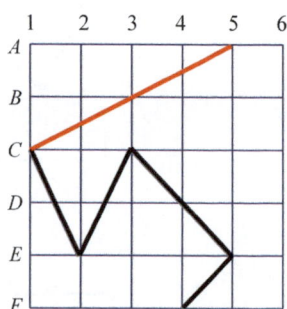

图 2-1-6

3. 两种解法的综合应用

简单的数独问题应有单区唯一解法和排除法就可以解决,请大家动手试一试,如图 2-1-7 和图 2-1-8 的答案详见图 2-1-7-1 与图 2-1-8-1.

6	4						2	3
5	7		3	8	2		6	4
		3		6		5		
	1		7	4	5		8	
	9	6	8		3	2	4	
	5		9	2	6		3	
		7		3		8		
2	3		6	9	8		1	7
4	8						9	6

图 2-1-7

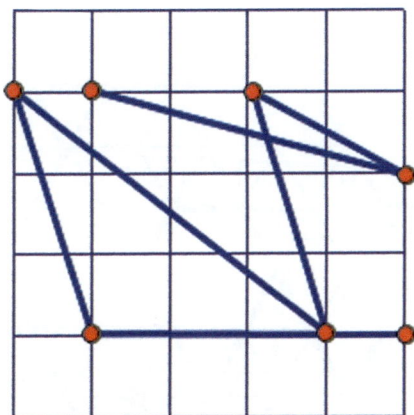

图　2-1-8

2.2　花式数独与花式形独

我们知道,在多年发展后,数独除了标准数独外还产生花式数独,例如锯齿数独、对角数独、数比数独等.在本书中你将看到丰富多彩的花式形独.

1. 宫形的变化

花式数独中有一种六角数独(见图 2-2-1),也是延用数独的规则,在每个大三角都是 1～9 的基础上,水平线、向左的斜线和向右的斜线也只能是 1～9. 另外,它每级线中的第一和最后一条为不完全规则,只能填入 8 个数字,答案详见图 2-2-1-1.

花式形独有十字形独(见图 2-2-2)、锯齿形独(见图 2-2-3),求解规则详见本书第 4 章,答案参照图 2-2-2-1 与图 2-2-3-1.

2. 有限制区的题目

花式数独中有一种视窗数独(见图 2-2-4),在标准数独规则的基础上,还要求有底色的方块中,数字也不重复,答案参考图 2-2-4-1.

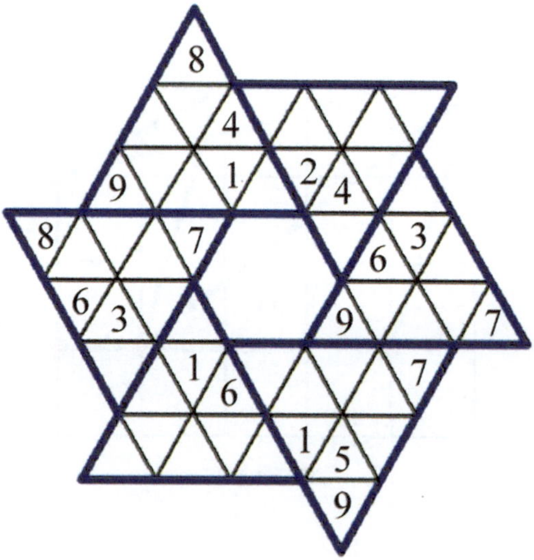

图　2-2-1

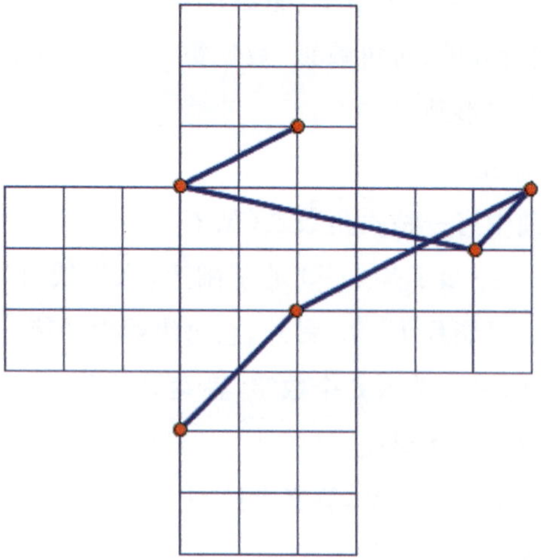

图　2-2-2

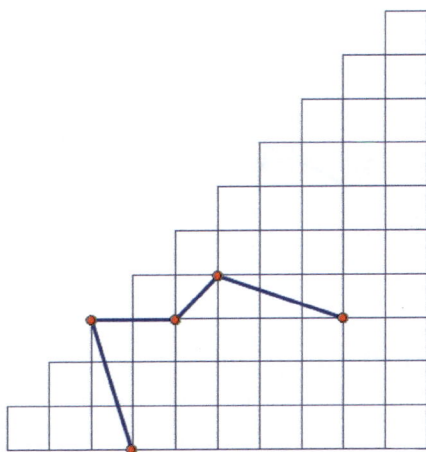

图 2-2-3

			5	7	3			
		5				9		
	3						5	
9			2		8			5
5								1
1			6		7			8
	2						4	
		8				3		
			4	8	9			

图 2-2-4

花式形独中有一种形独刚好和视窗数独类似，它是在宫形中挖去 4 个视窗，其他规则不变进行解题，如图 2-2-5 所示，答案参考图 2-2-5-1.

图　2-2-5

3. 有图案的题目

花式数独中还有一种金字塔数独(见图 2-2-6),在标准数独规则的基础上,还要求每个金字塔区域内的数字为不重复的1~9,答案参考图 2-2-6-1.

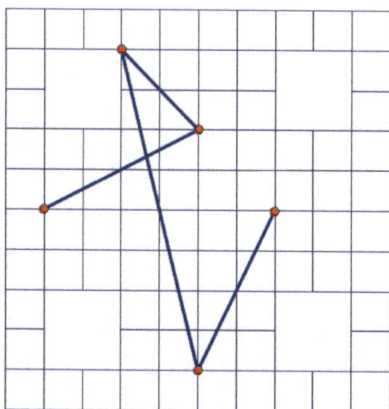

图　2-2-6

花式形独可以巧妙地出题,使题目与答案形成美丽的图形.

如图 2-2-7 所示, 读者们可以尽情展开想象.

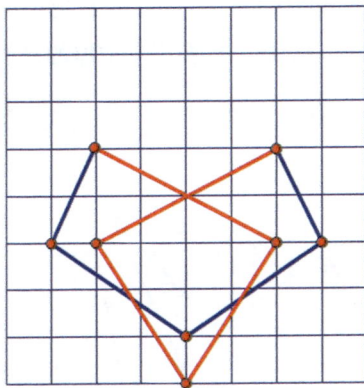

图 2-2-7

4. 有限定条件的题目

花式数独中有一种无缘数独, 在标准数独的基础上还要求对角及相邻的格内不能填入相同的数字, 也就是在标准数独基础上添加限定条件, 如图 2-2-8 所示, 答案详见图 2-2-8-1. 花式形独

	1		6			4		
3							7	
				9				1
1				2				
		6	3		4	7		
				5				3
4				8				
	6							4
		7			3		2	

图 2-2-8

同样可以添加限定条件,比如要求必须有点达到上边界,如图 2-2-9,等等. 在本书的第 4 章,你将看到趣味性十足、丰富多彩的花式形独题目,相信你一定会产生浓厚的兴趣和创作的热情.

图 2-2-9

2.3 立体数独与空间形独

数独发展到今天,除了平面数独外,还产生了立体数独. 立体三阶数独除了上、下方向的每一层都是 3×3 的数独外,侧向纵切的每一个切片也都要符合数独的条件. 为了说明方便,下面以三阶立体数独 2-3-1 为例:

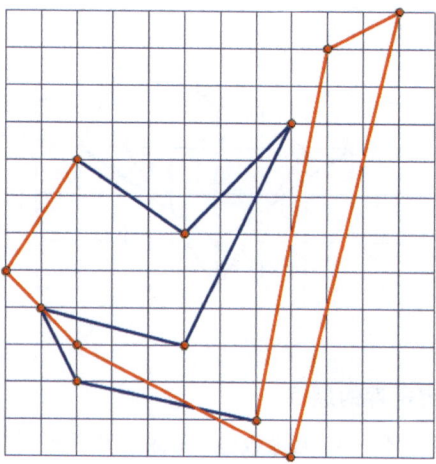

第一层　　　　　　　第二层　　　　　　　第三层

图 2-3-1　三阶立体数独的分层显示

下面是这个三阶立体数独解的分层显示图,不论你由哪一个方向进行裁切,切割出来的 3×3 的方阵,都要满足数独的条件.

1	3	2
3	2	1
2	1	3

第一层

2	1	3
1	3	2
3	2	1

第二层

3	2	1
2	1	3
1	3	2

第三层

图 2-3-2　数独解的分层显示

形独是以线段垂直为表现形式的,线段除了在平面中有相交垂直关系外,在空间中表现也可以表现为异面垂直,因此也就有了空间形独,如图 2-3-3 所示,具体定义与规则详见本书第 1 章,更多空间形独在第 5 章,有兴趣的读者可以一显身手.

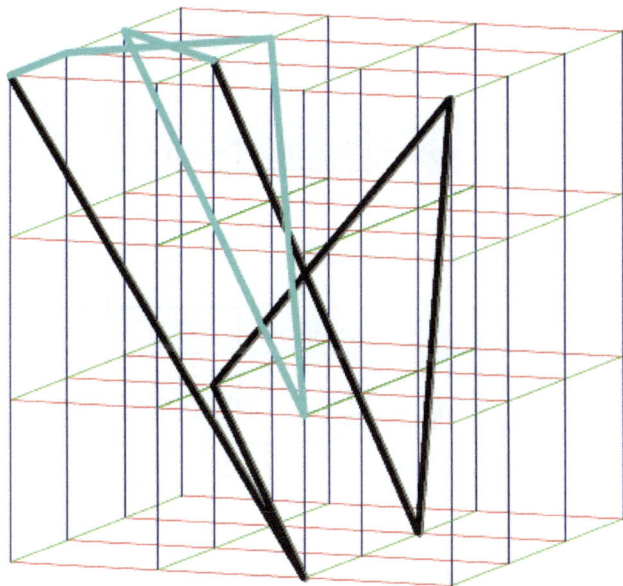

图　2-3-3

2.4 本章答案

本节给出第 2 章前 3 节形独问题的答案,具体每一个问题的答案见下面的对应图形(例如,图 2-1-2 的答案见图 2-1-2-1,依次类推).

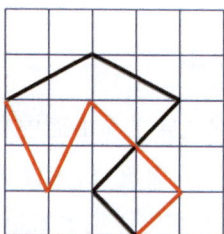

图 2-1-2-1

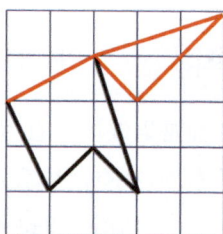

图 2-1-3-1

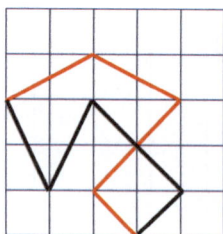

图 2-1-5-1

6	4	8	5	7	1	9	2	3
5	7	9	3	8	2	1	6	4
1	2	3	4	6	9	5	7	8
3	1	2	7	4	5	6	8	9
7	9	6	8	1	3	2	4	5
8	5	4	9	2	6	7	3	1
9	6	7	1	3	4	8	5	2
2	3	5	6	9	8	4	1	7
4	8	1	2	5	7	3	9	6

图 2-1-7-1

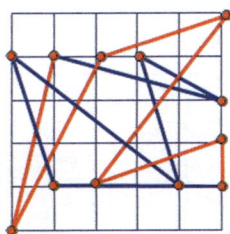

图　2-1-8-1

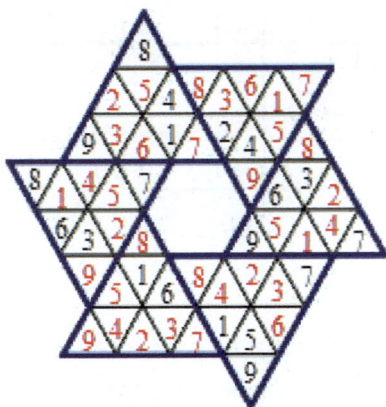

图　2-2-1-1

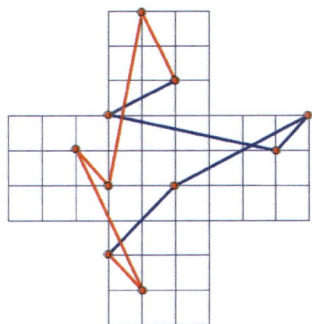

图　2-2-2-1

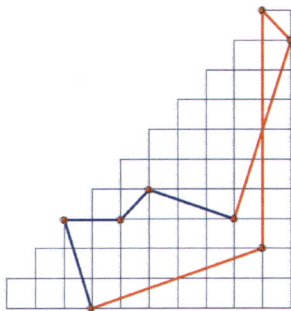

图　2-2-3-1

2	9	6	5	7	3	1	8	4
7	1	5	8	4	2	9	6	3
8	3	4	9	6	1	7	5	2
9	6	7	2	1	8	4	3	5
5	8	2	3	9	4	6	7	1
1	4	3	6	5	7	2	9	8
6	2	9	1	3	5	8	4	7
4	5	8	7	2	6	3	1	9
3	7	1	4	8	9	5	2	6

图　2-2-4-1

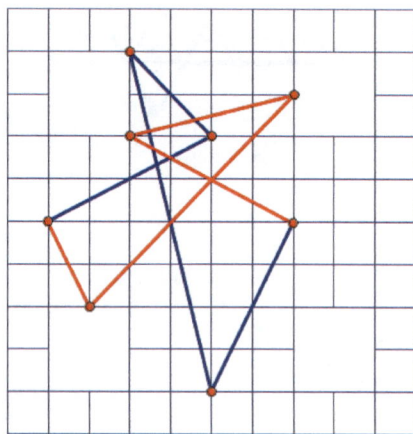

图　2-2-5-1

1	7	6	3	8	4	9	2	5
2	3	8	9	6	5	7	1	4
9	5	4	7	2	1	6	8	3
8	1	3	2	5	6	4	9	7
6	4	5	1	9	7	2	3	8
7	2	9	8	4	3	1	5	6
3	6	7	5	1	9	8	4	2
4	8	1	6	3	2	5	7	9
5	9	2	4	7	8	3	6	1

图 2-2-6-1

7	1	8	6	3	5	4	9	2
3	5	9	1	4	2	6	7	8
6	4	2	8	9	7	3	5	1
1	3	5	7	2	8	9	4	6
9	2	6	3	1	4	7	8	5
8	7	4	9	5	6	2	1	3
4	9	3	2	8	1	5	6	7
2	6	1	5	7	9	8	3	4
5	8	7	4	6	3	1	2	9

图 2-2-8-1

第3章 挑战形独

3.1 形独一级

问题 3-1-1

具体问题见图 3-1-1.

注：本章及后续第 4 章、第 5 章和第 6 章中，具体问题见与问题序号相同的图形. 后面正文中不再给出相关问题对应图形序号引用语句.

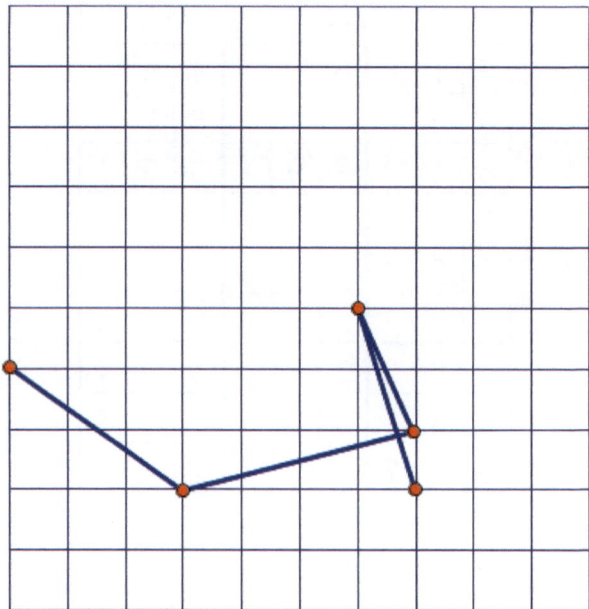

图 3-1-1

问题 **3-1-2**

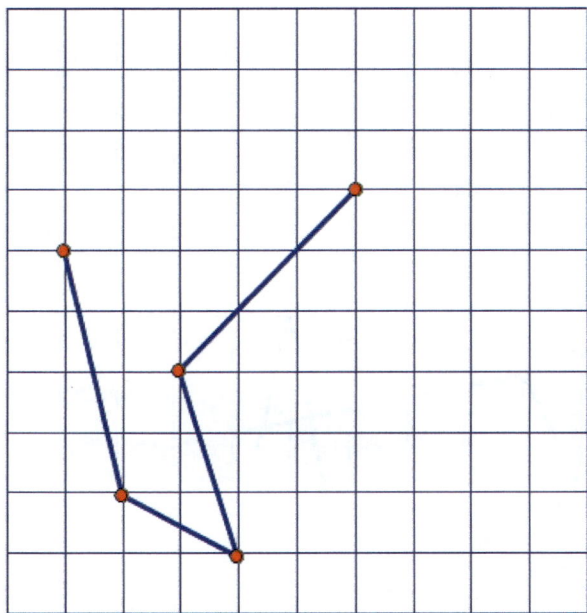

图　3-1-2

问题 3-1-3

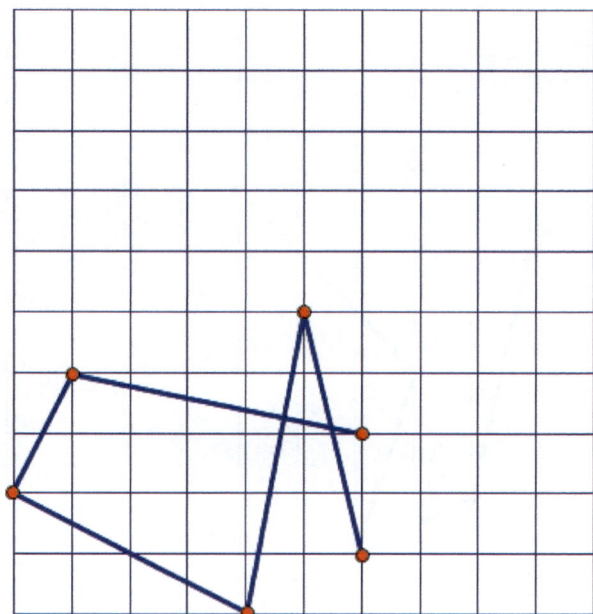

图　3-1-3

问题 3-1-4

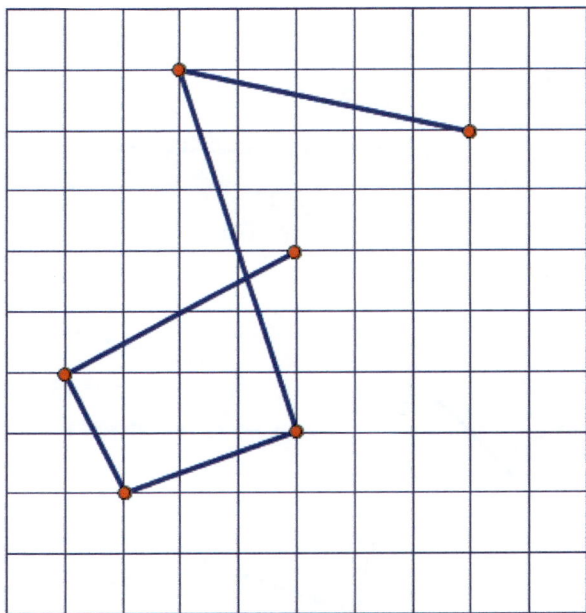

图 3-1-4

问题 **3-1-5**

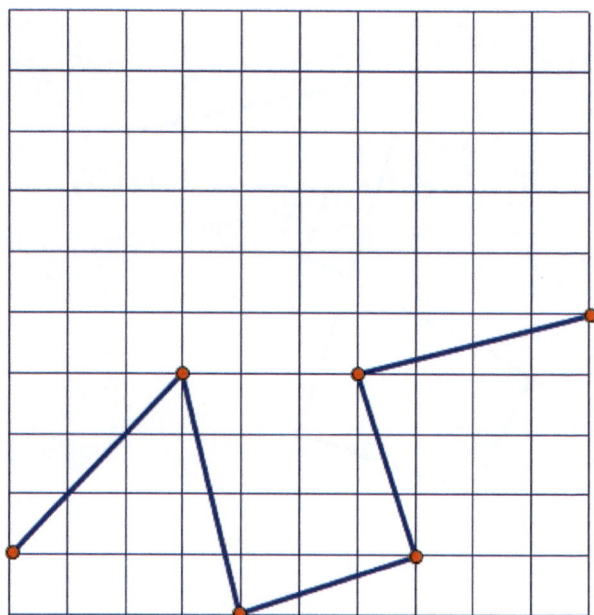

图　3-1-5

问题 **3-1-6**

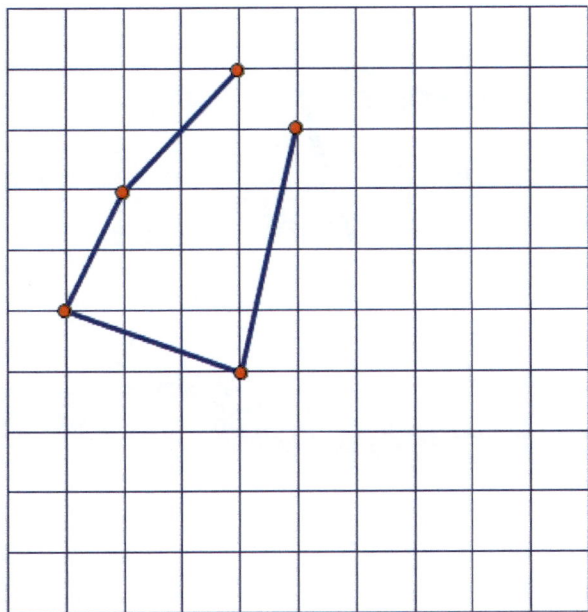

图　3-1-6

问题 **3-1-7**

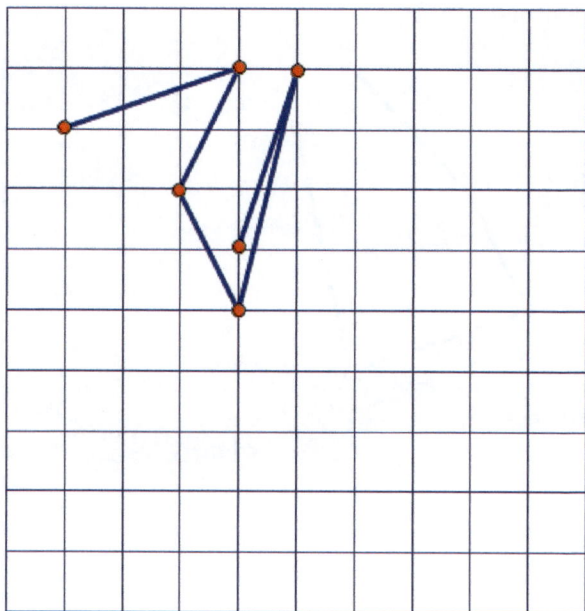

图　3-1-7

问题 **3-1-8**

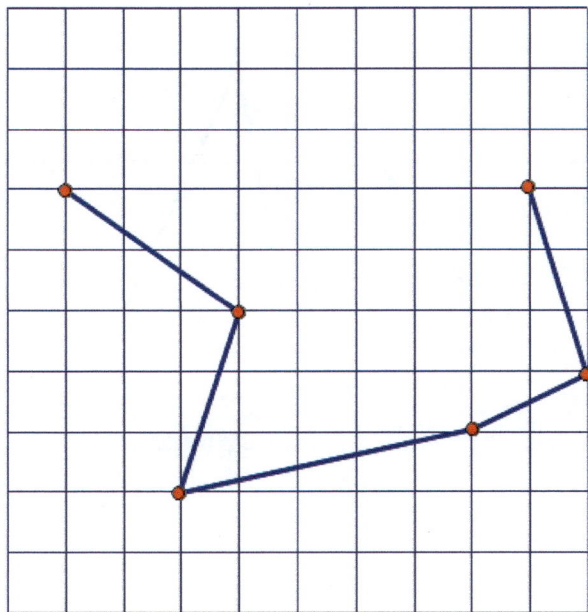

图　3-1-8

问题 **3-1-9**

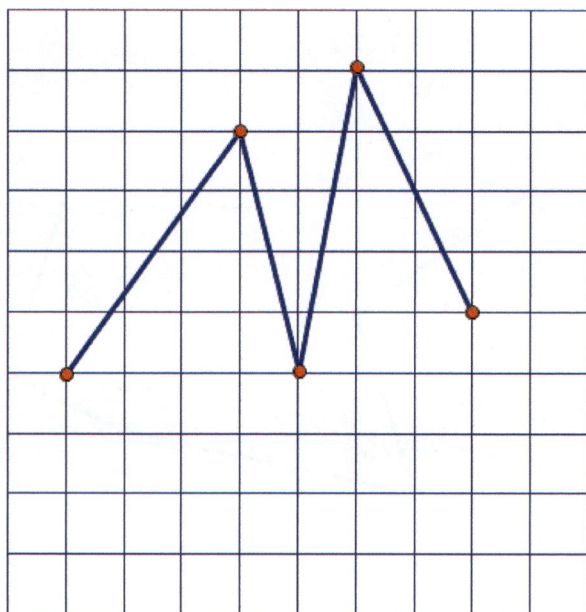

图 3-1-9

問題 **3-1-10**

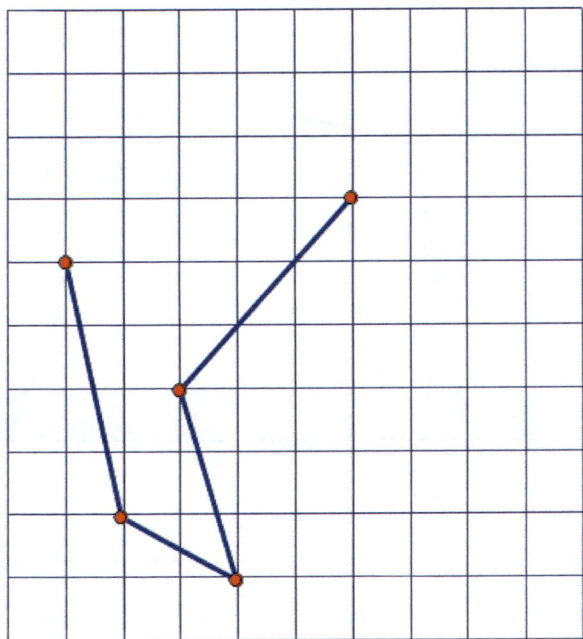

图　3-1-10

问题 **3-1-11**

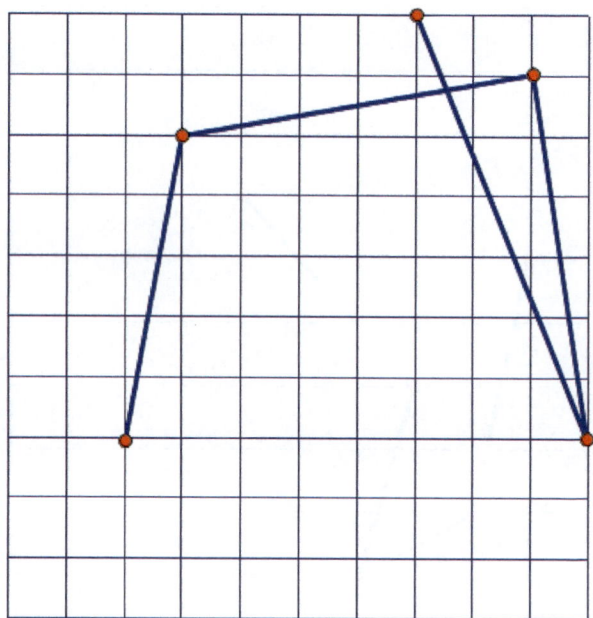

图　3-1-11

问题 3-1-12

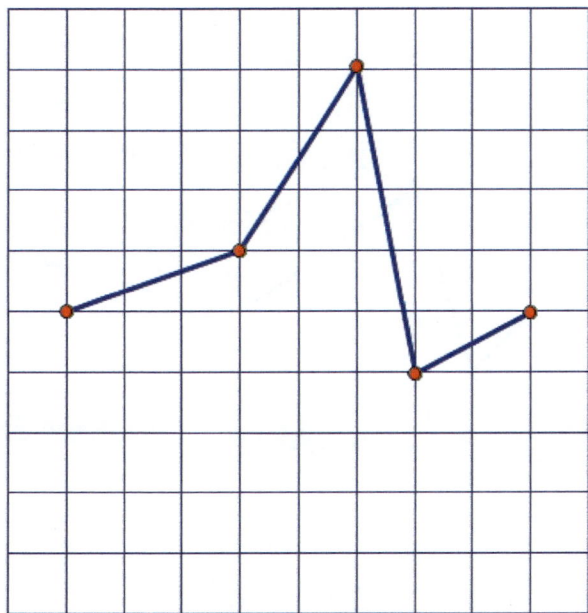

图　3-1-12

问题 3-1-13

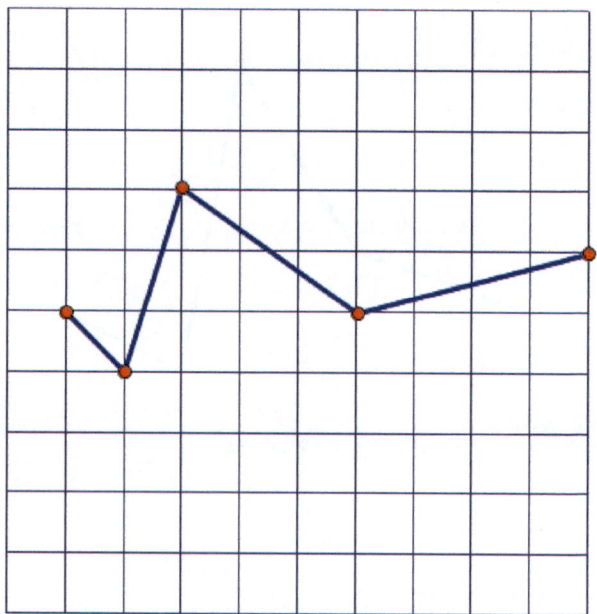

图　3-1-13

问题 **3-1-14**

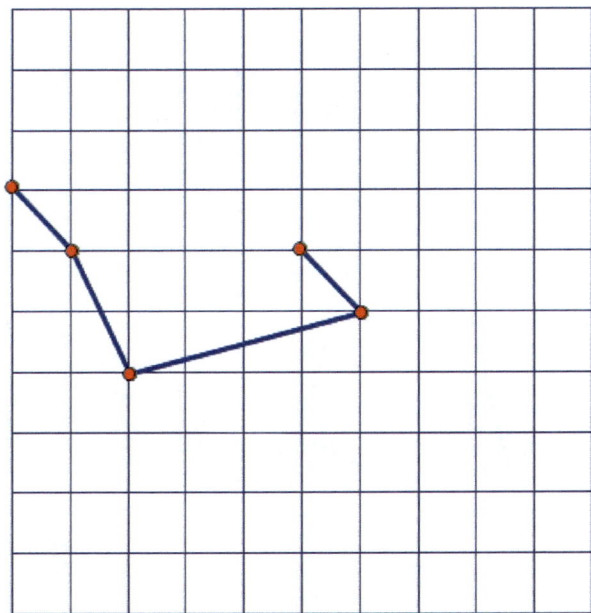

图 3-1-14

问题 **3-1-15**

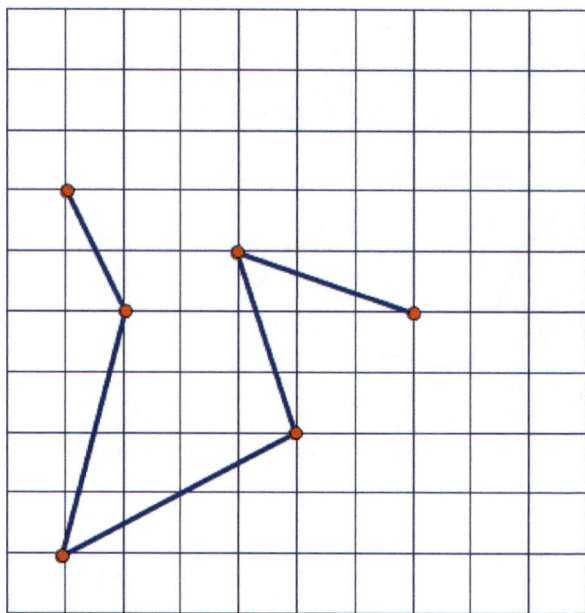

图 3-1-15

问题 **3-1-16**

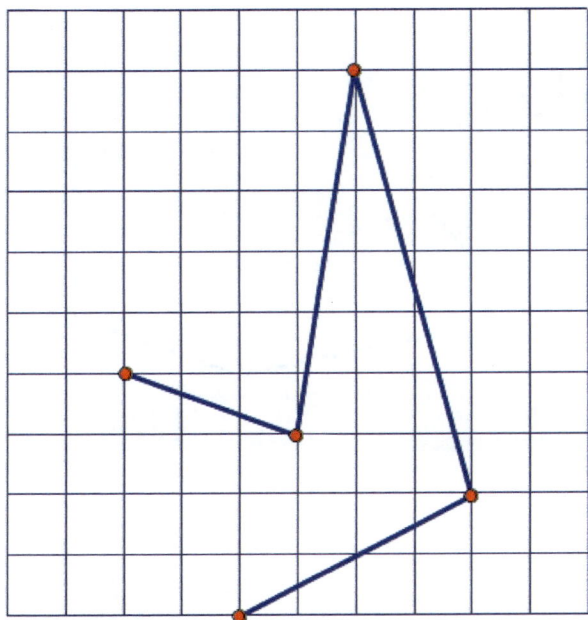

图　3-1-16

问题 **3-1-17**

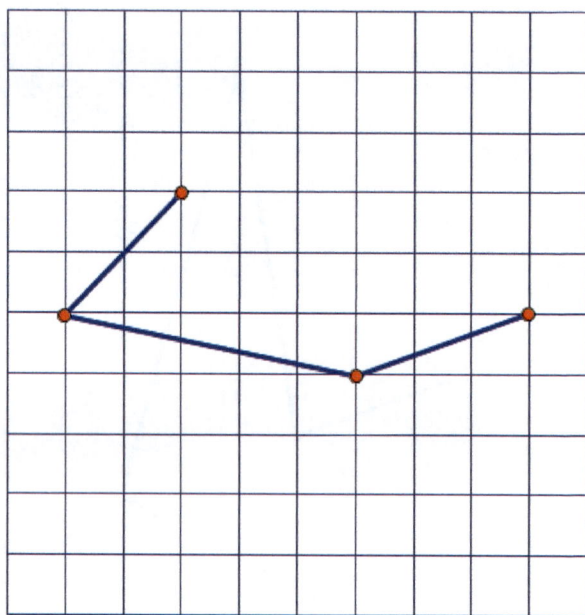

图　3-1-17

问题 **3-1-18**

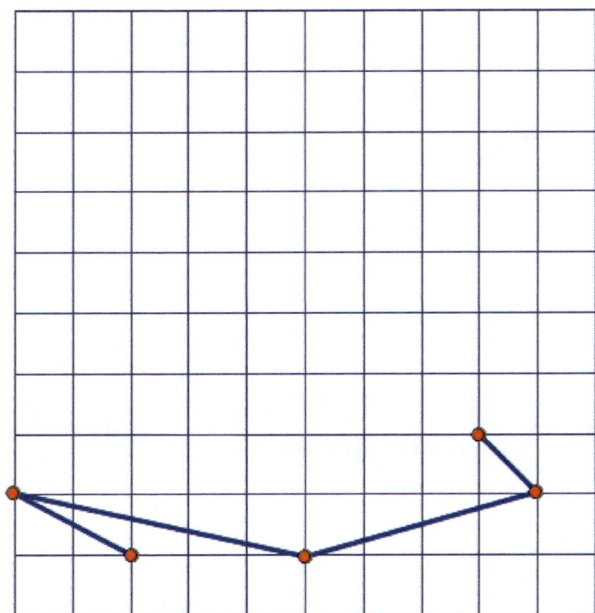

图 3-1-18

问题 **3-1-19**

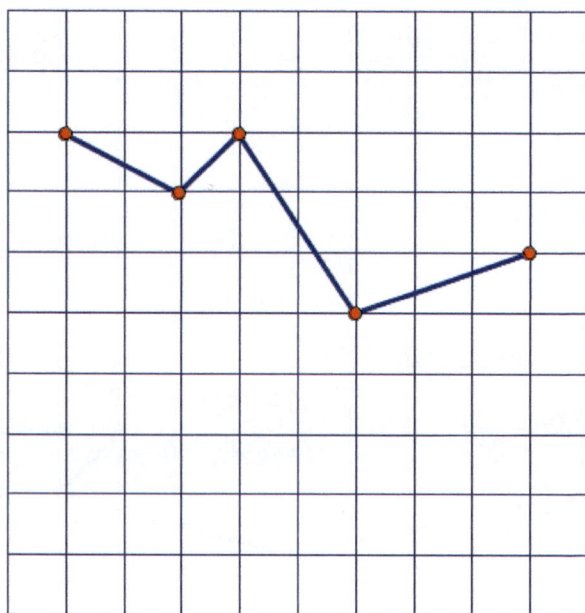

图　3-1-19

问题 3-1-20

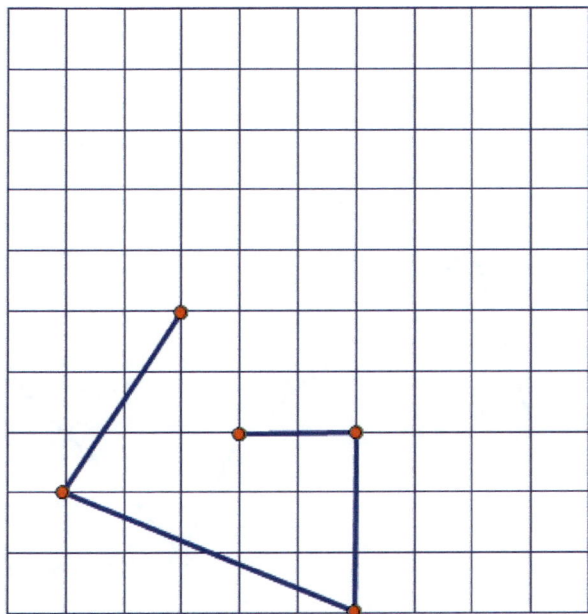

图　3-1-20

问题 **3-1-21**

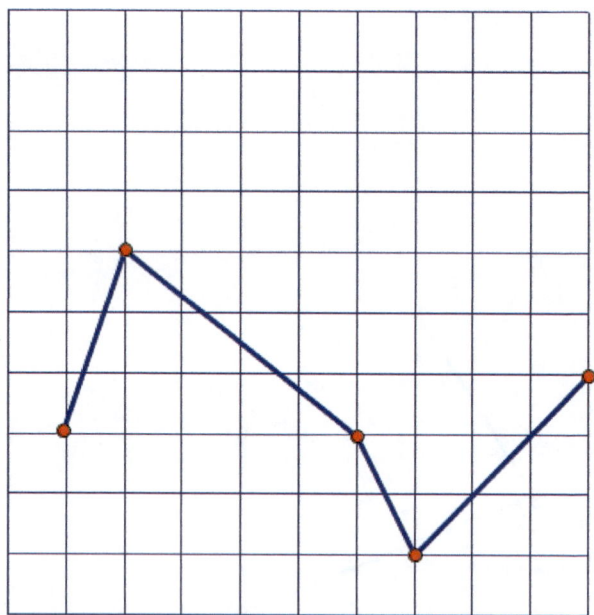

图　3-1-21

问题 **3-1-22**

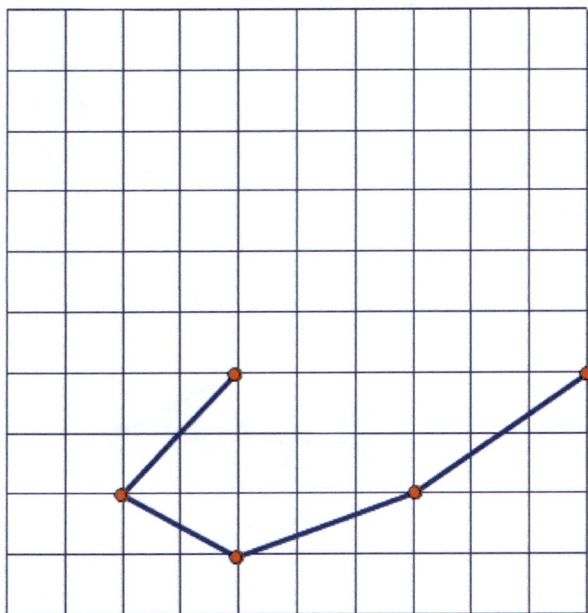

图　3-1-22

问题 3-1-23

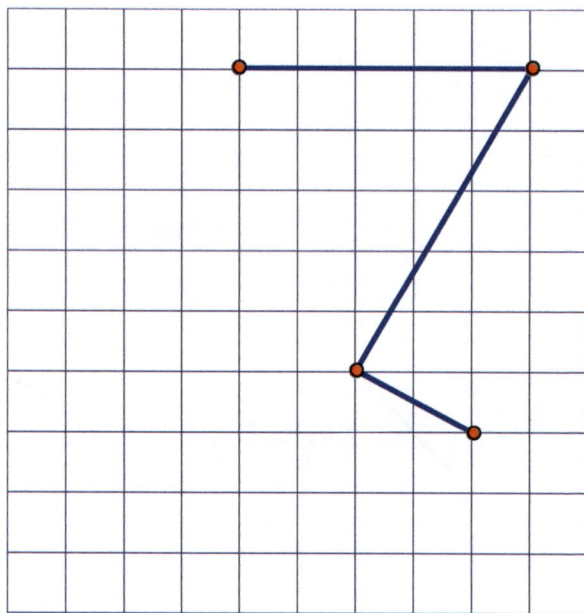

图　3-1-23

问题 **3-1-24**

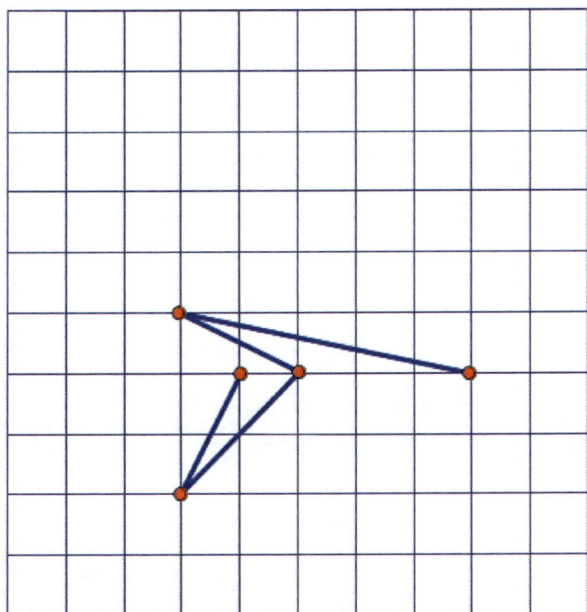

图　3-1-24

问题 **3-1-25**

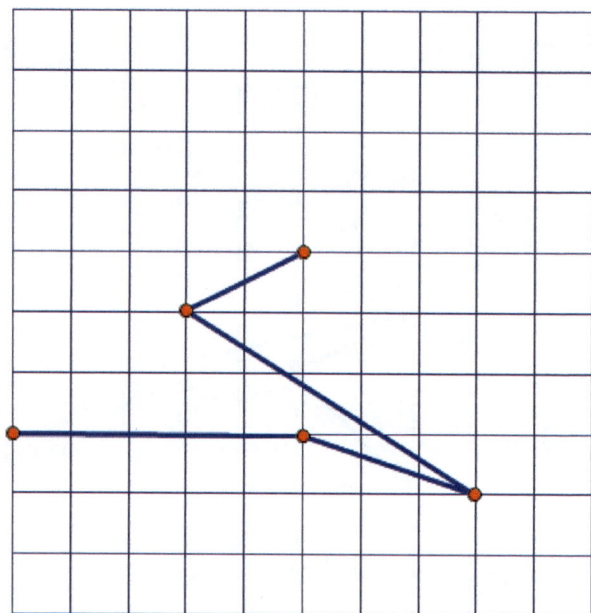

图　3-1-25

问题 **3-1-26**

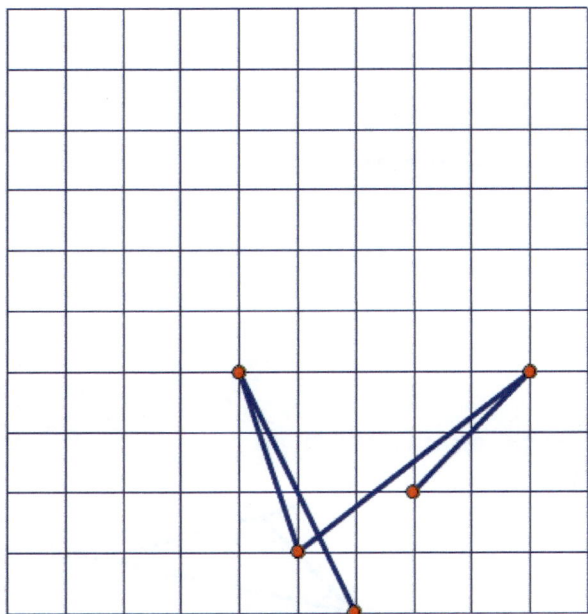

图　3-1-26

问题 **3-1-27**

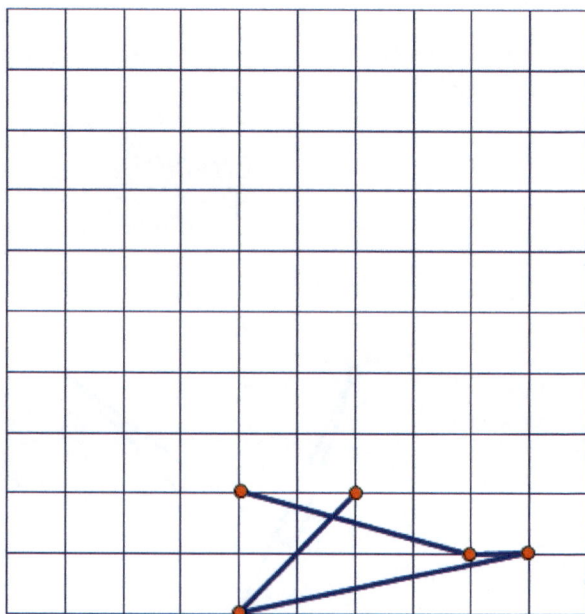

图　3-1-27

问题 3-1-28

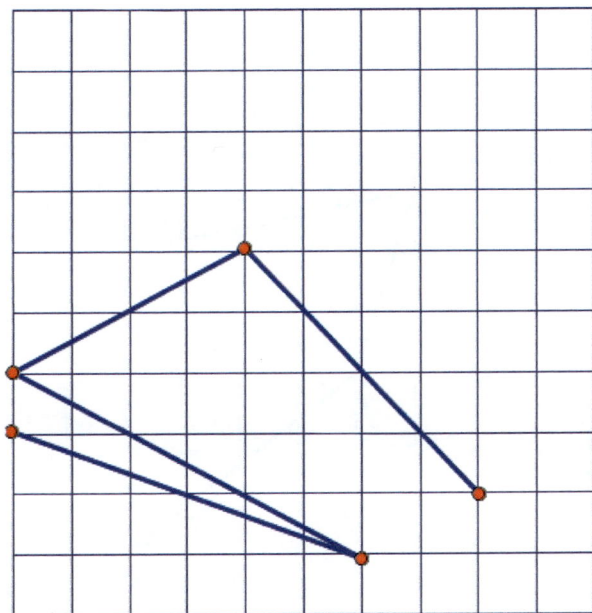

图 3-1-28

问题 **3-1-29**

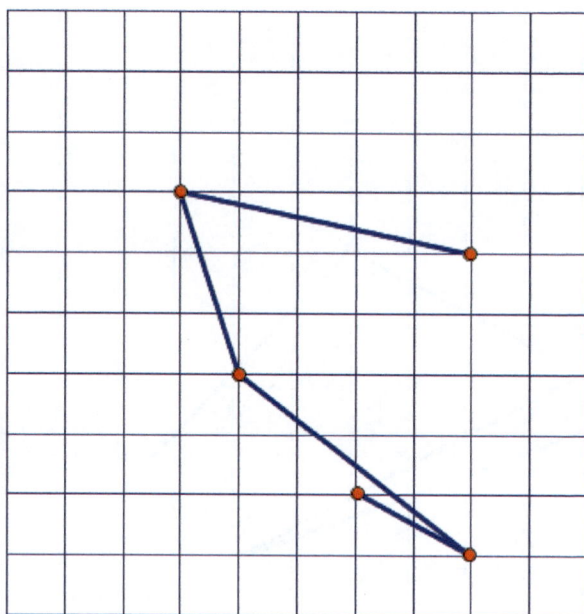

图　3-1-29

问题 3-1-30

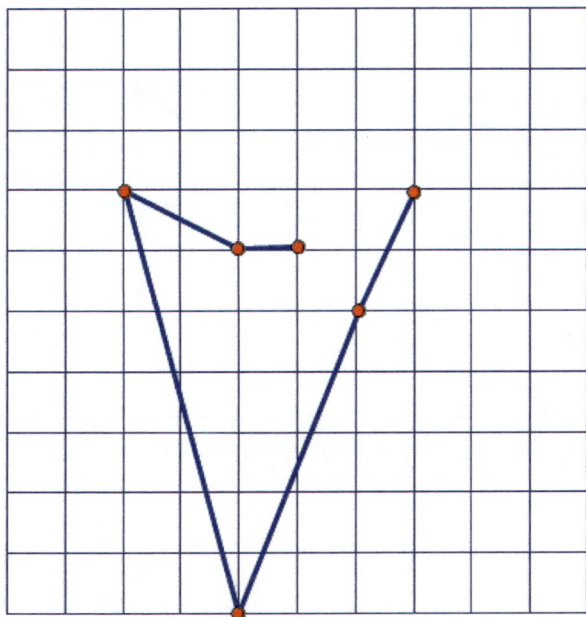

图　3-1-30

3.2 形独二级

问题 3-2-1

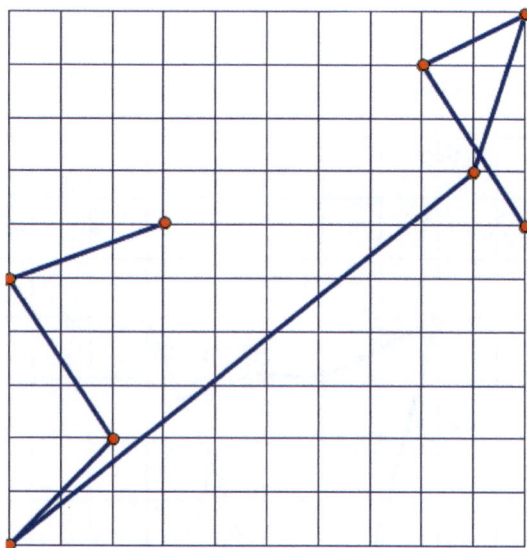

图　3-2-1

问题 3-2-2

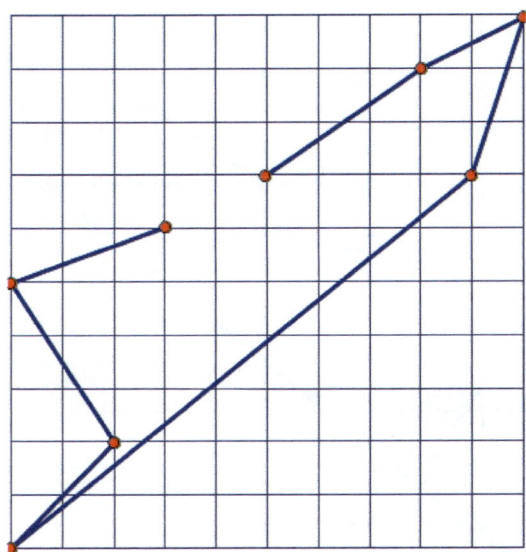

图 3-2-2

问题 **3-2-3**

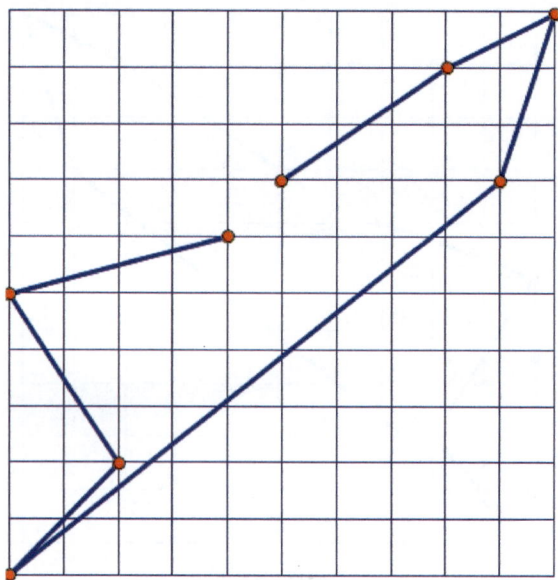

图　3-2-3

问题 **3-2-4**

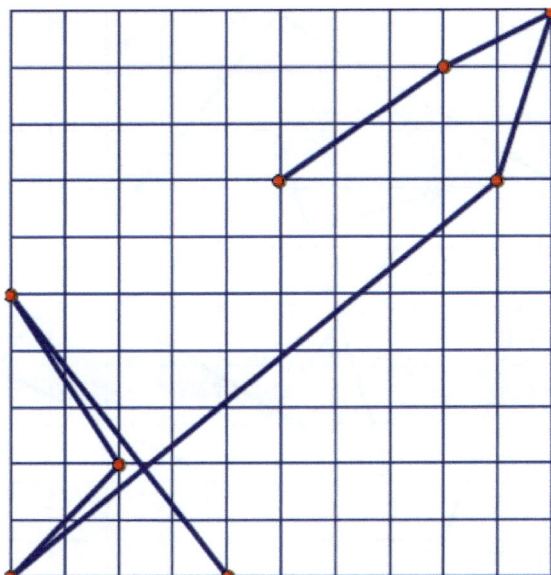

图 3-2-4

问题 3-2-5

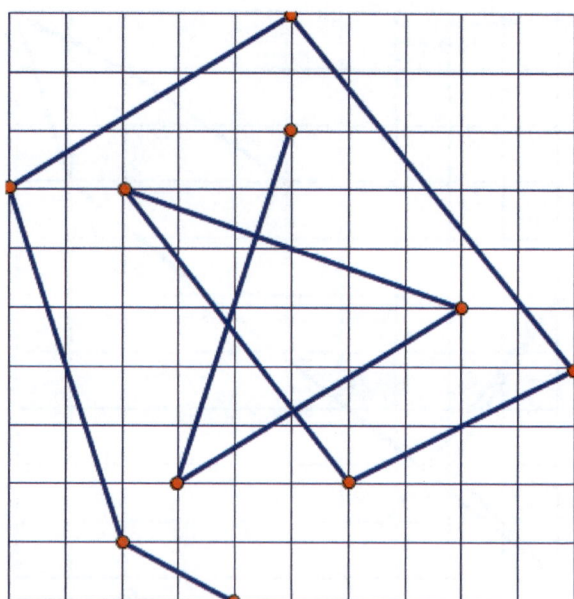

图　3-2-5

問題 3-2-6

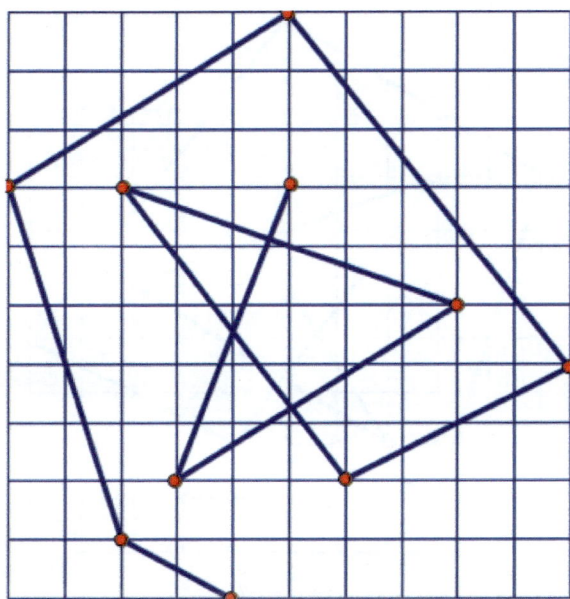

图　3-2-6

问题 3-2-7

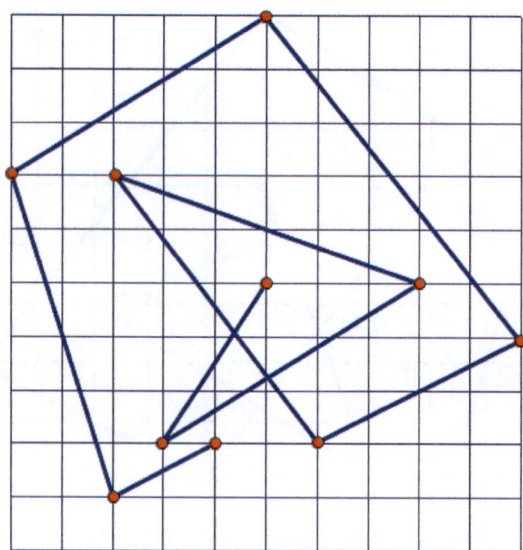

图　3-2-7

问题 3-2-8

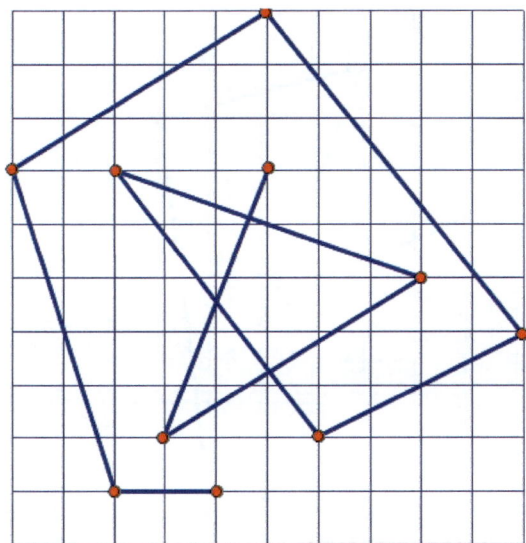

图 3-2-8

问题 **3-2-9**

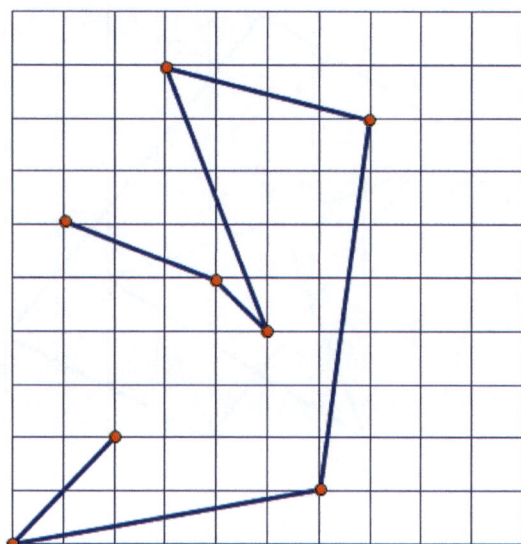

图　3-2-9

问题 3-2-10

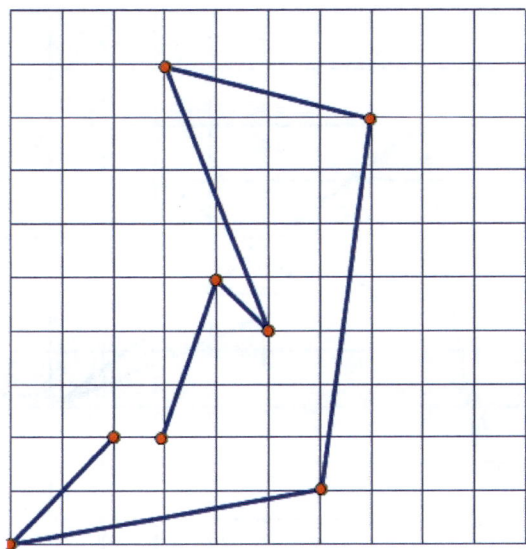

图　3-2-10

问题 3-2-11

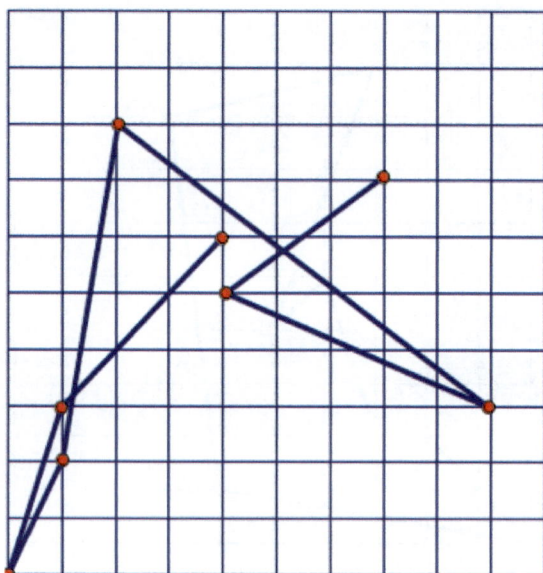

图　3-2-11

问题 3-2-12

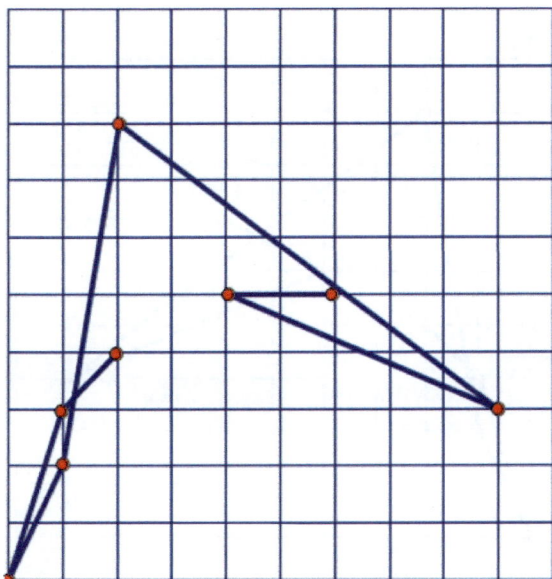

图 3-2-12

问题 3-2-13

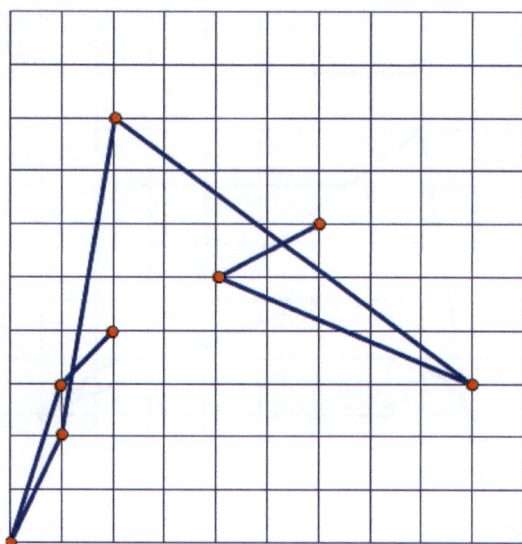

图　3-2-13

问题 3-2-14

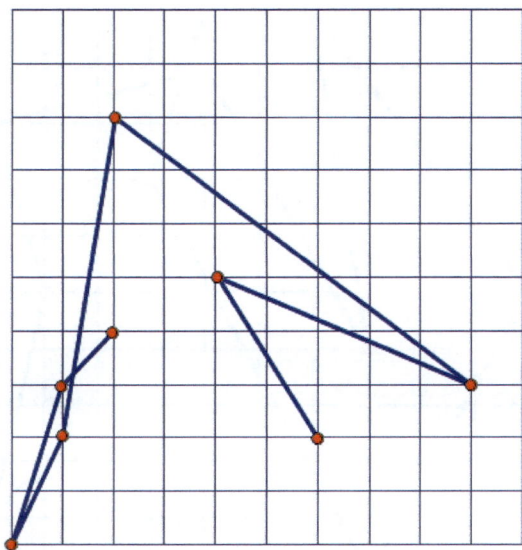

图　3-2-14

问题 3-2-15

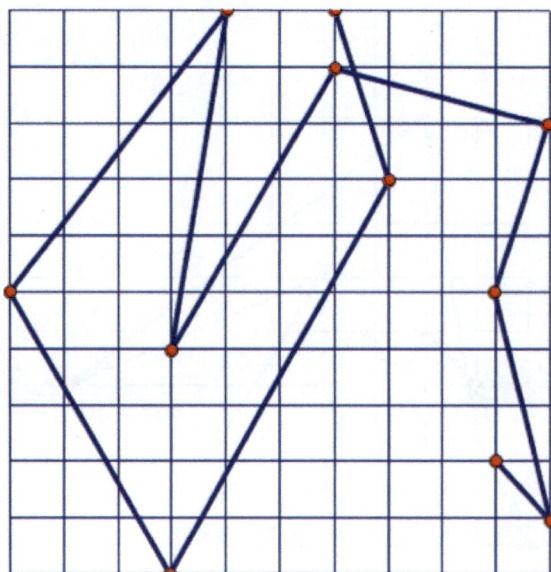

图 3-2-15

问题 3-2-16

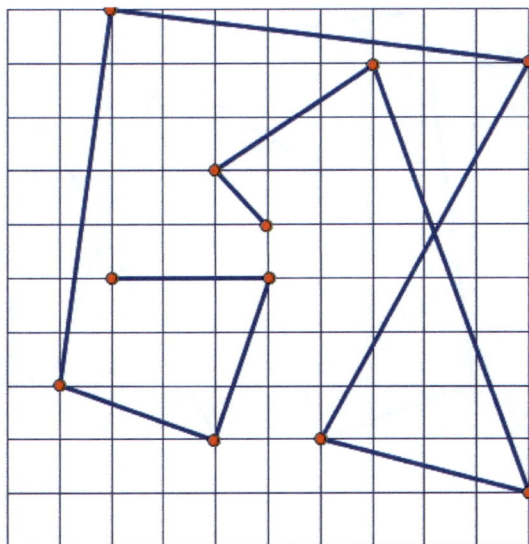

图　3-2-16

问题 **3-2-17**

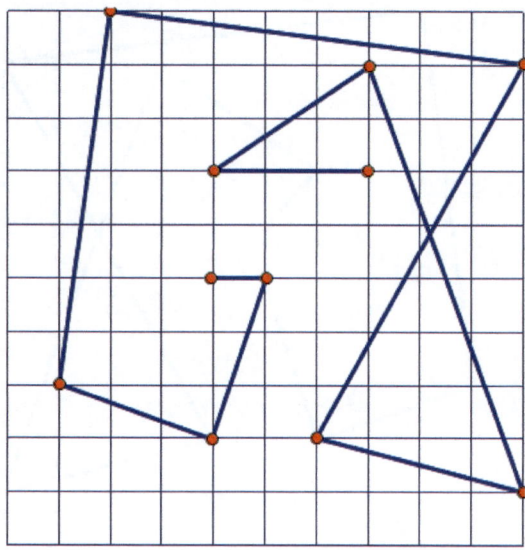

图　3-2-17

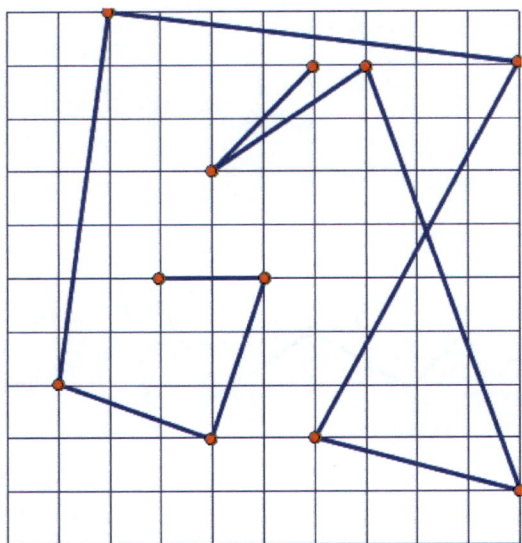

问题 3-2-18

图 3-2-18

问题 **3-2-19**

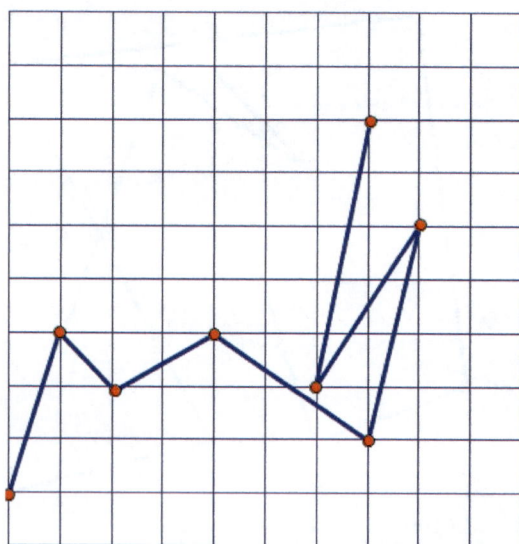

图 3-2-19

问题 **3-2-20**

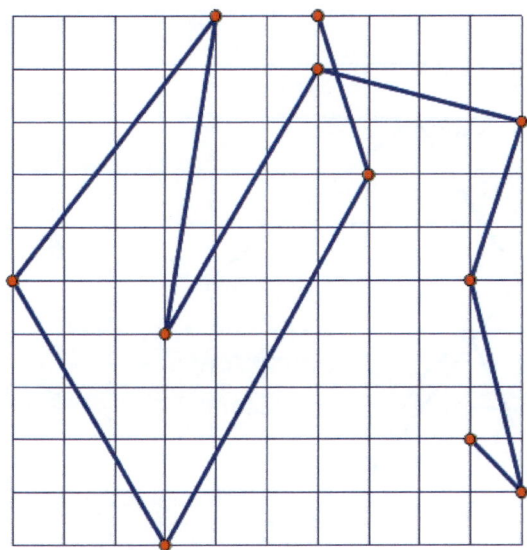

图　3-2-20

问题 **3-2-21**

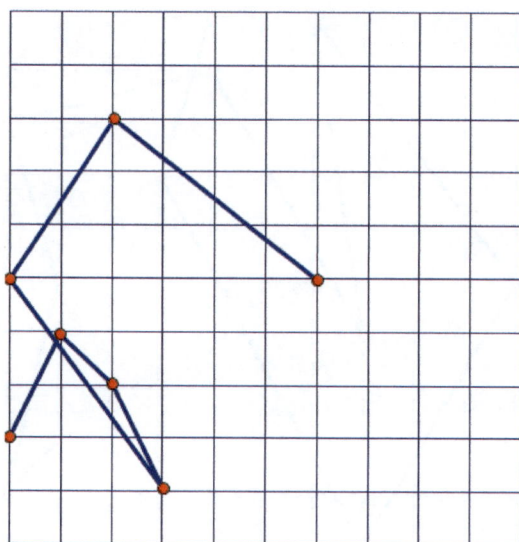

图　3-2-21

问题 3-2-22

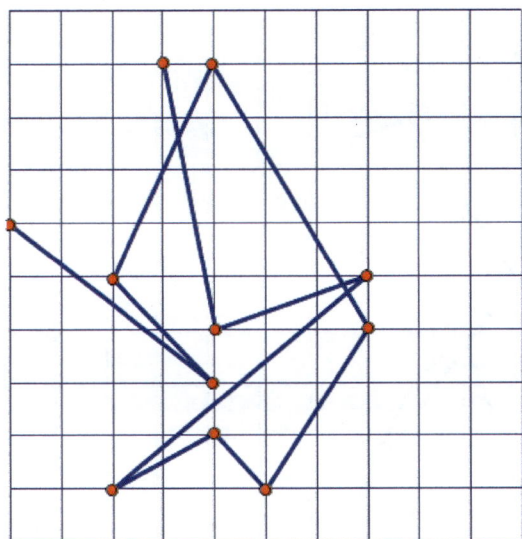

图　3-2-22

问题 3-2-23

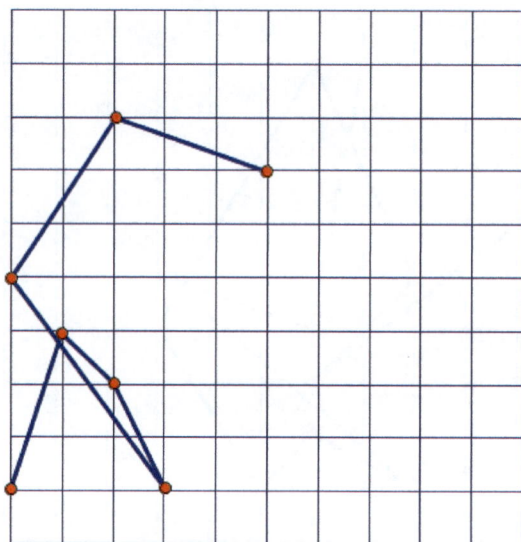

图 3-2-23

问题 3-2-24

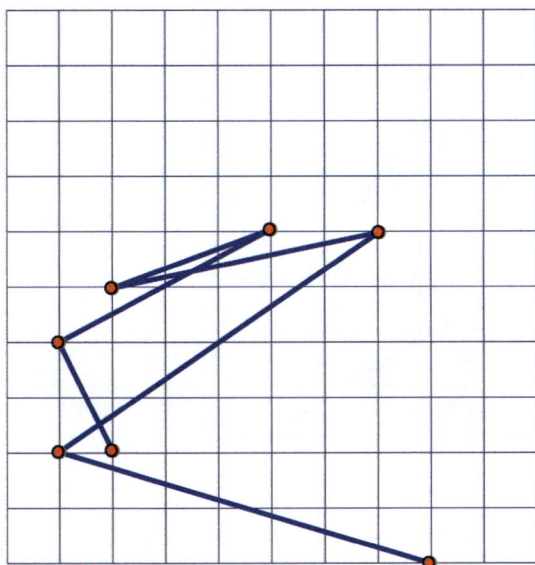

图　3-2-24

問題 **3-2-25**

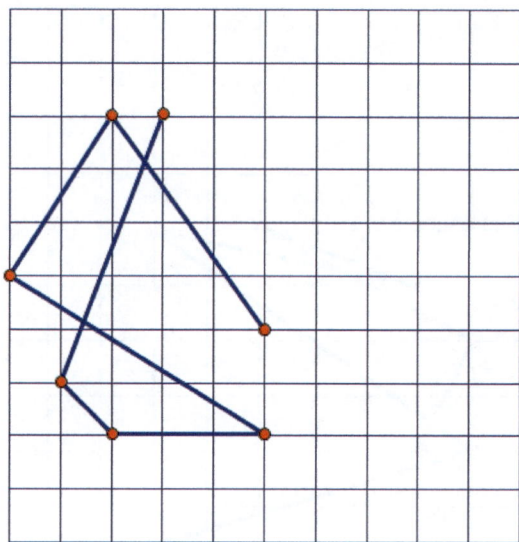

图　3-2-25

问题 **3-2-26**

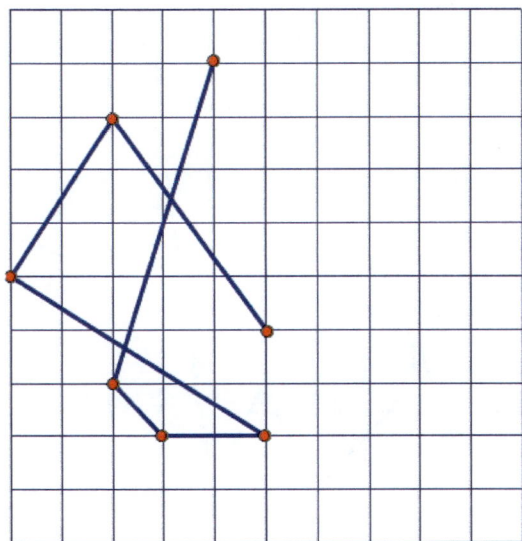

图　3-2-26

问题 **3-2-27**

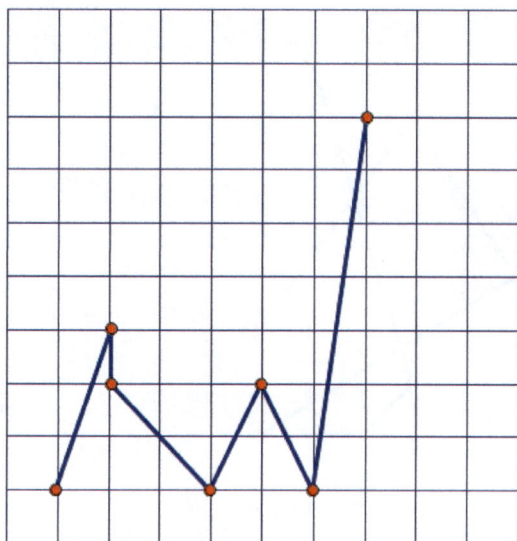

图　3-2-27

问题 3-2-28

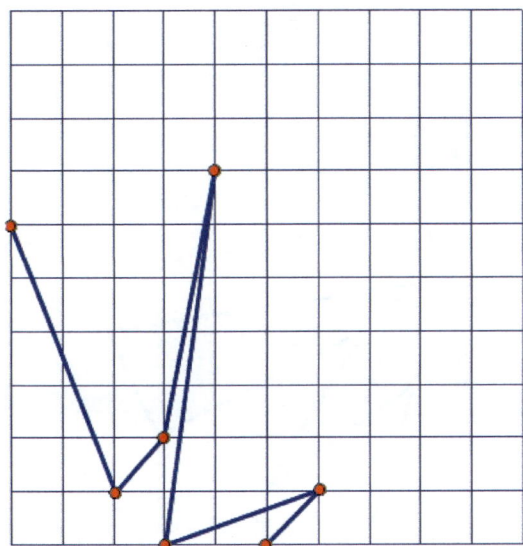

图　3-2-28

问题 **3-2-29**

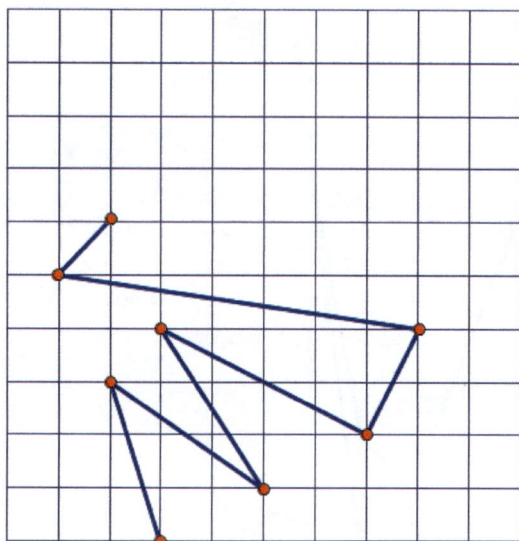

图 3-2-29

问题 3-2-30

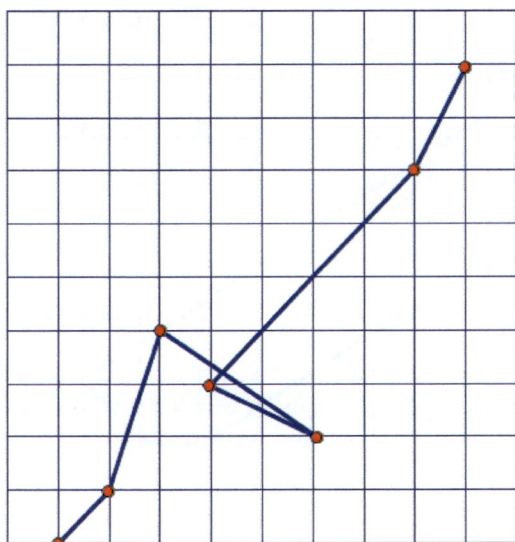

图　3-2-30

3.3 形独三级

问题 3-3-1

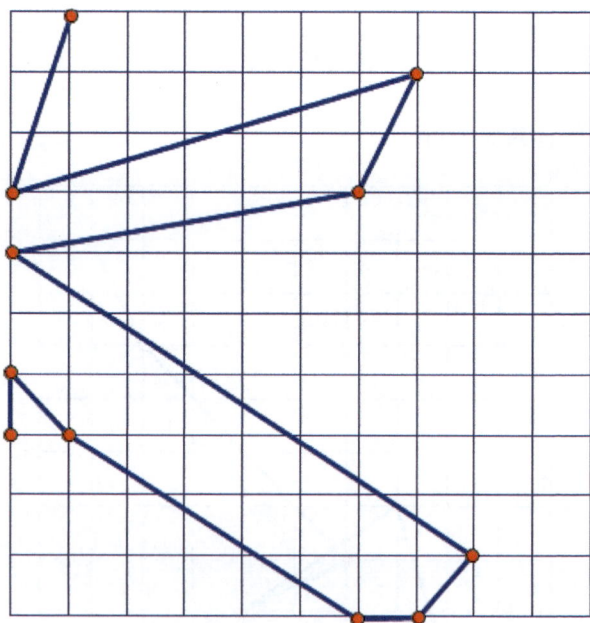

图　3-3-1

问题 **3-3-2**

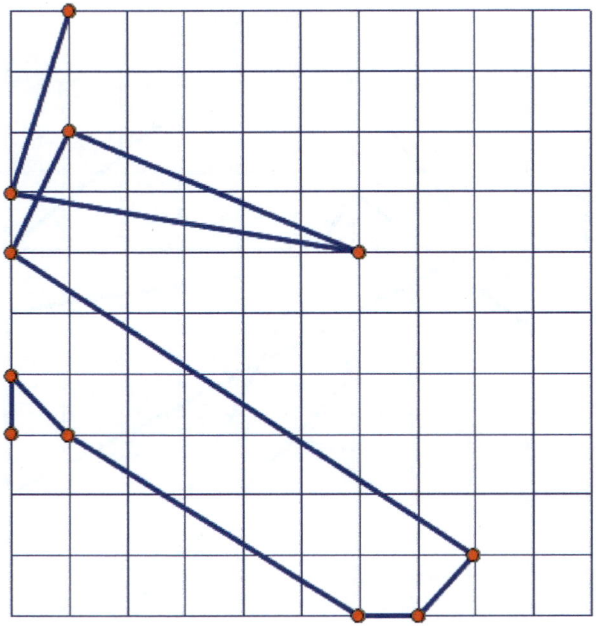

图　3-3-2

问题 3-3-3

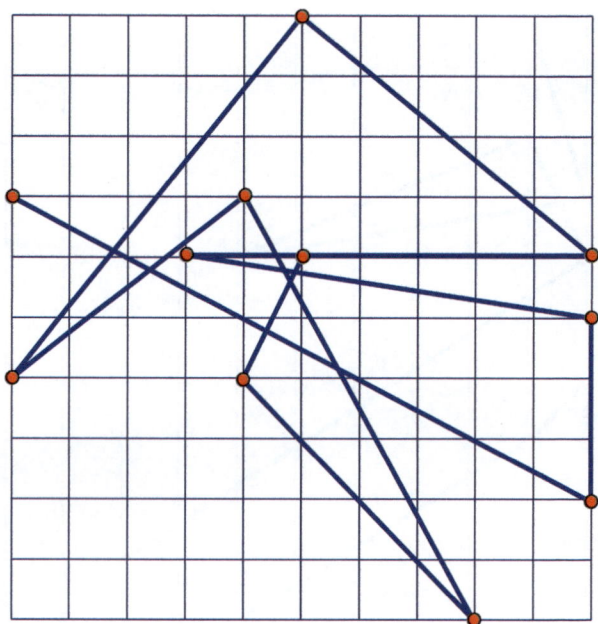

图　3-3-3

问题 **3-3-4**

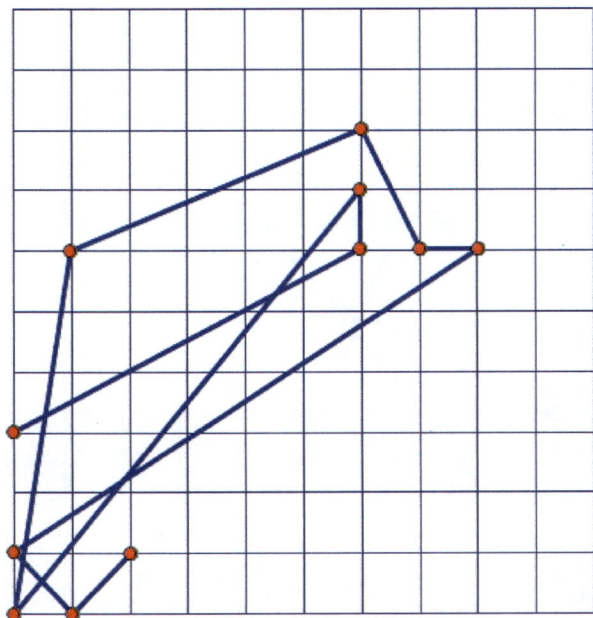

图　3-3-4

问题 3-3-5

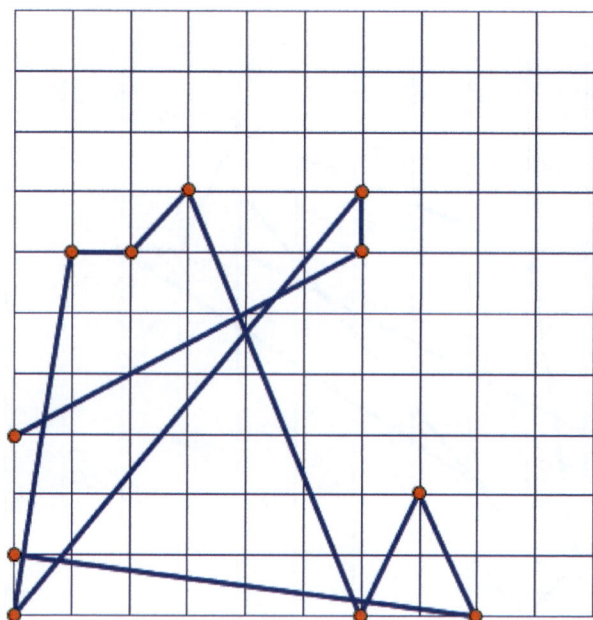

图　3-3-5

问题 **3-3-6**

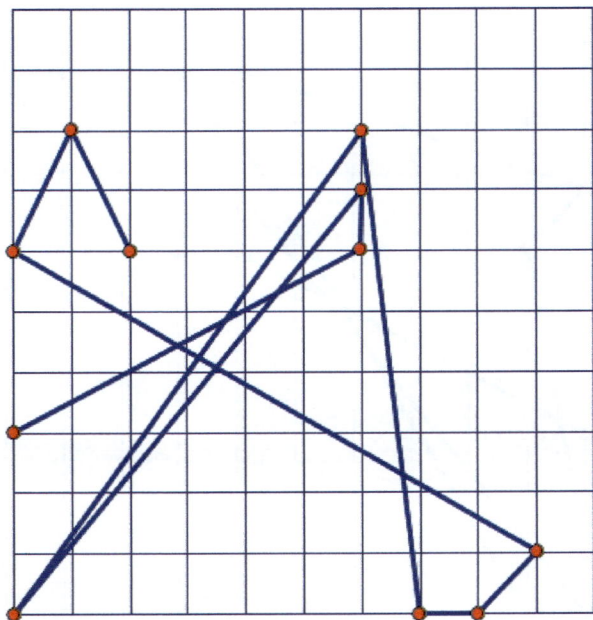

图　3-3-6

问题 **3-3-7**

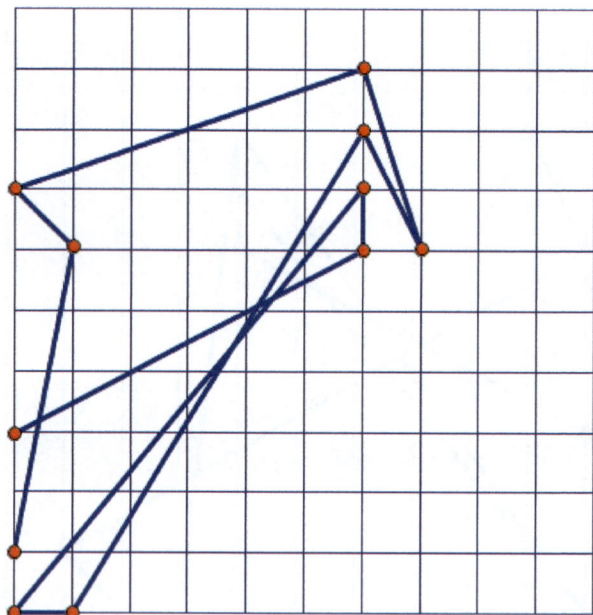

图　3-3-7

问题 **3-3-8**

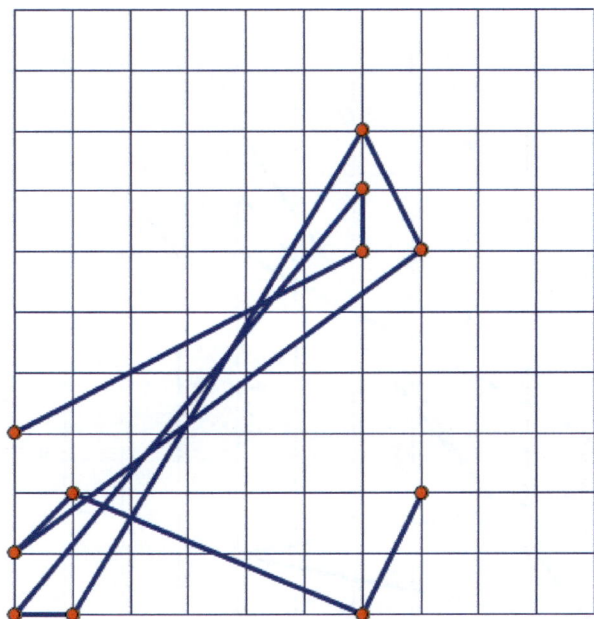

图　3-3-8

问题 **3-3-9**

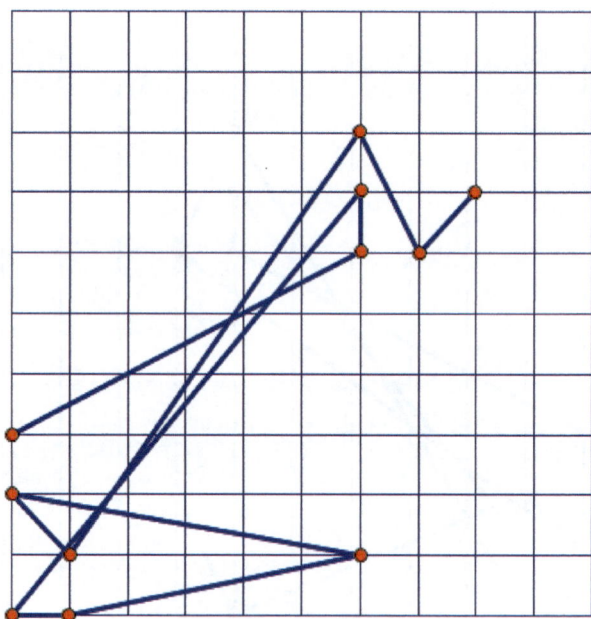

图　3-3-9

问题 **3-3-10**

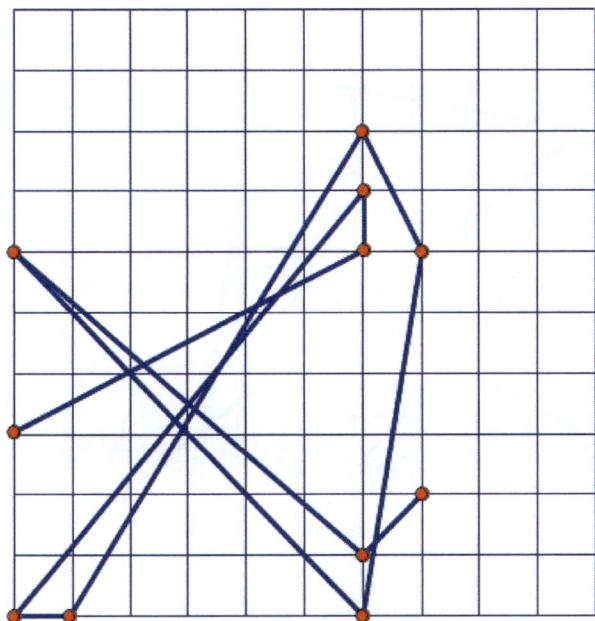

图　3-3-10

问题 3-3-11

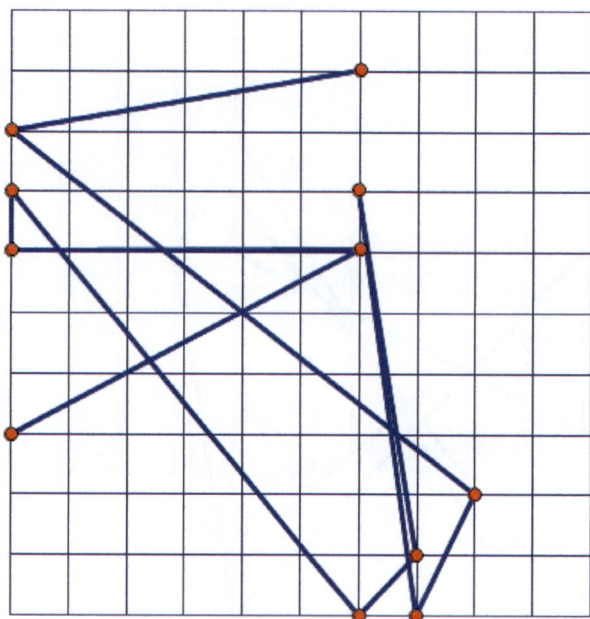

图 3-3-11

问题 3-3-12

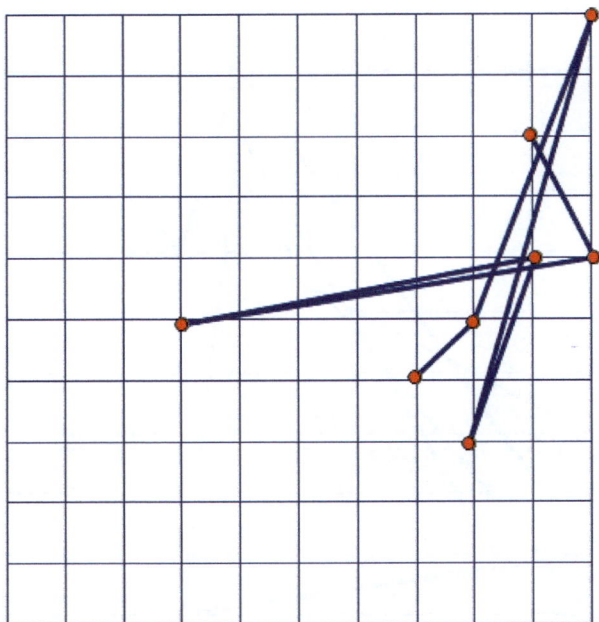

图 3-3-12

问题 3-3-13

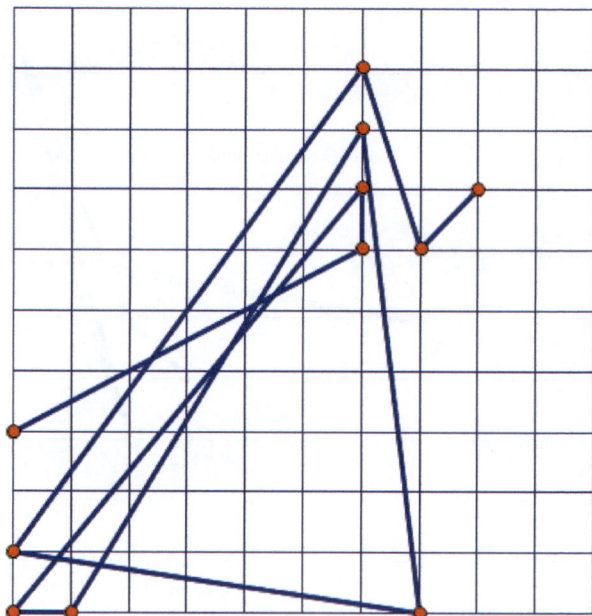

图　3-3-13

问题 **3-3-14**

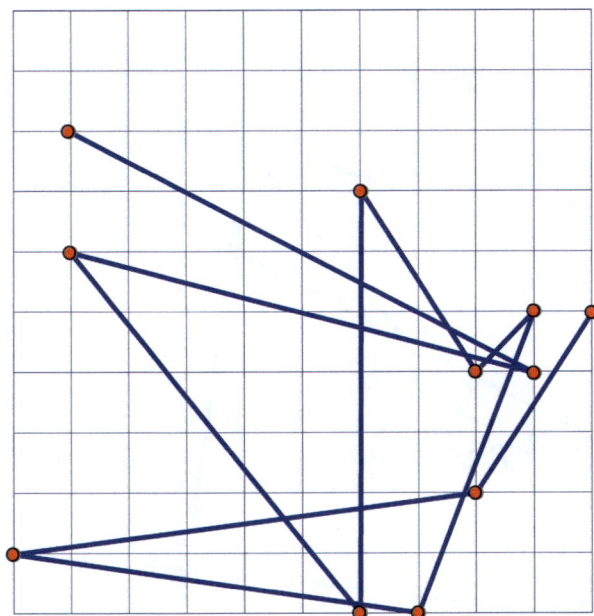

图　3-3-14

问题 **3-3-15**

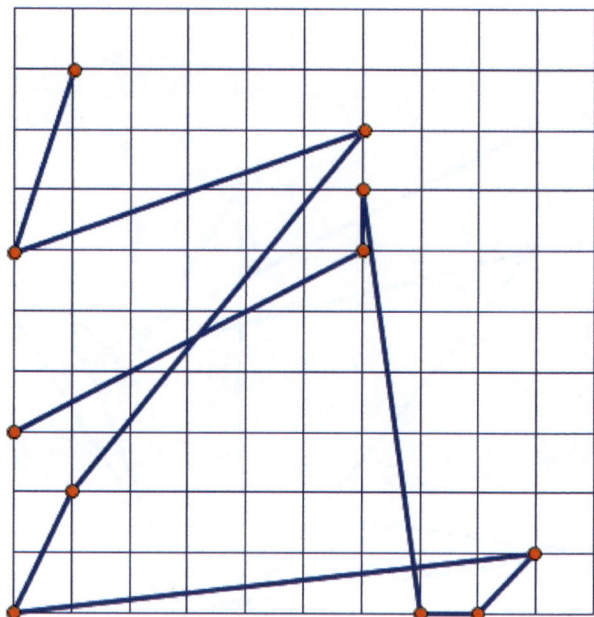

图　3-3-15

问题 **3-3-16**

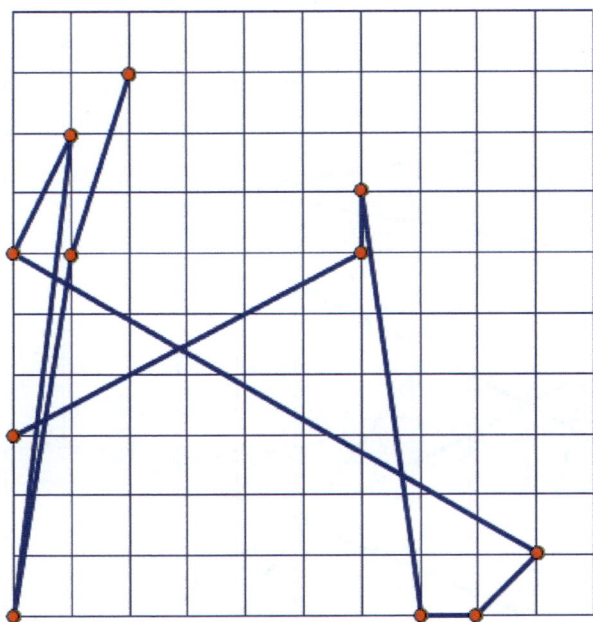

图　3-3-16

问题 **3-3-17**

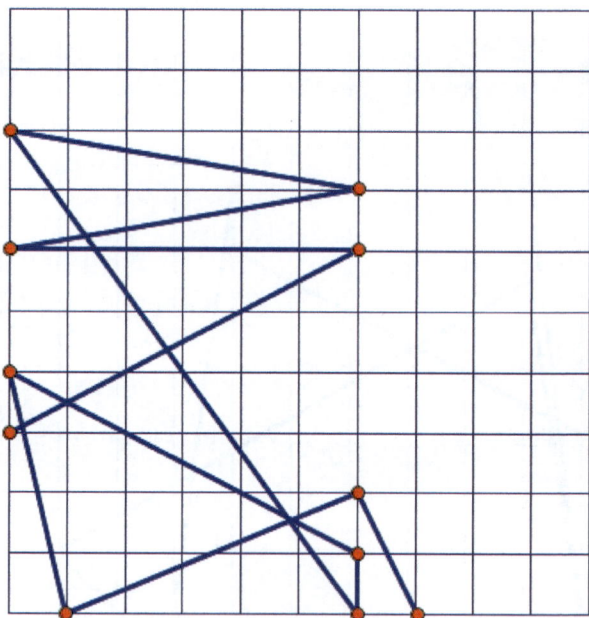

图　3-3-17

问题 **3-3-18**

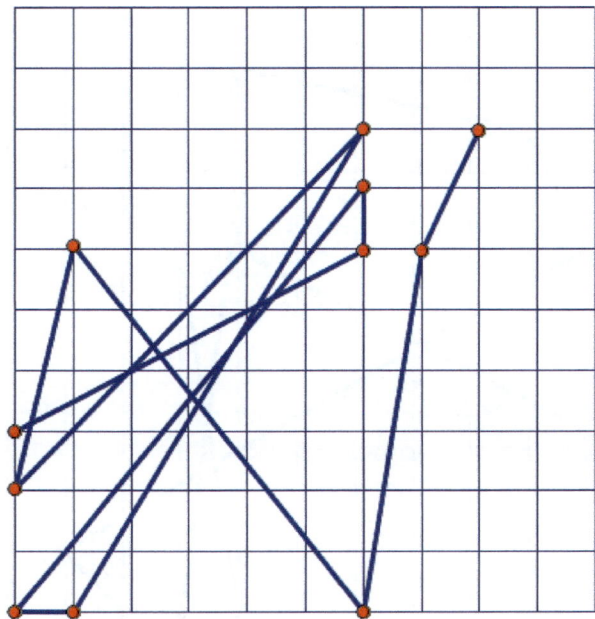

图　3-3-18

问题 3-3-19

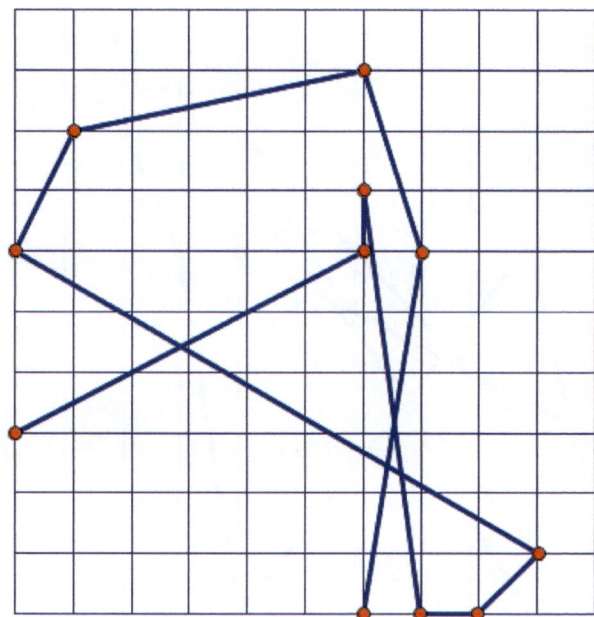

图　3-3-19

问题 **3-3-20**

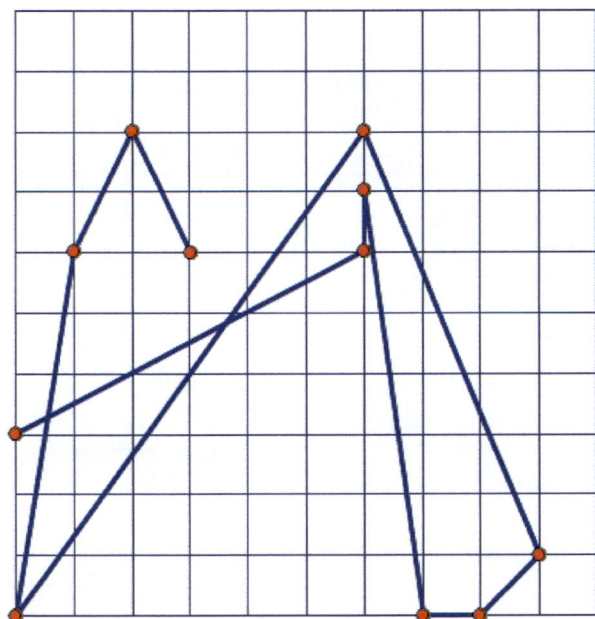

图　3-3-20

3.4 本章答案

本节给出第 3 章前面 3 节形独问题的答案,具体每个问题的答案见下面的对应图形(例如,问题 3-1-1 的答案见下面对应的图 3-1-1-1,依次类推).

问题 3-1-1

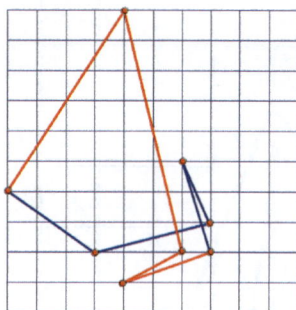

图　3-1-1-1

问题 3-1-2

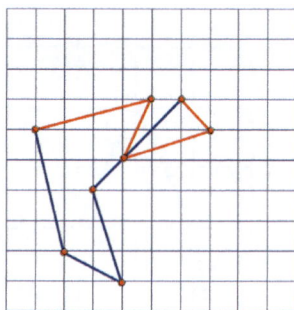

图　3-1-2-1

问题 3-1-3

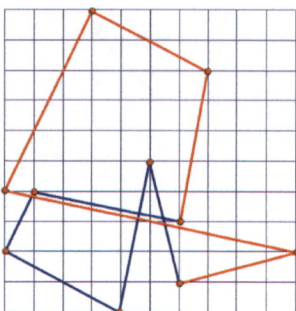

图　3-1-3-1

问题 3-1-4

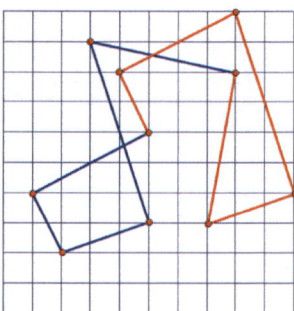

图　3-1-4-1

问题 3-1-5

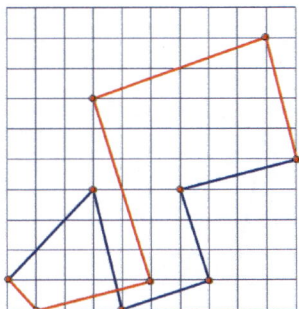

图 3-1-5-1

问题 3-1-6

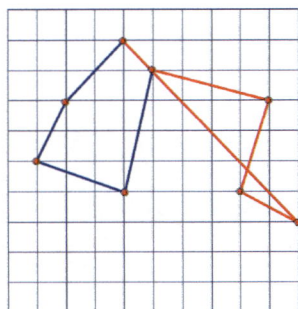

图 3-1-6-1

问题 3-1-7

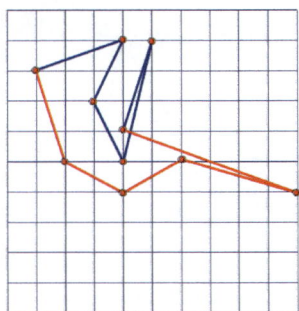

图 3-1-7-1

问题 3-1-8

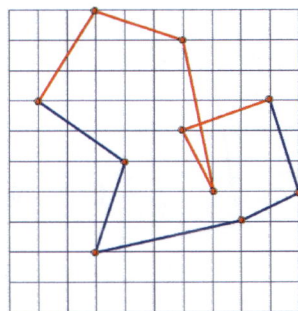

图 3-1-8-1

问题 3-1-9

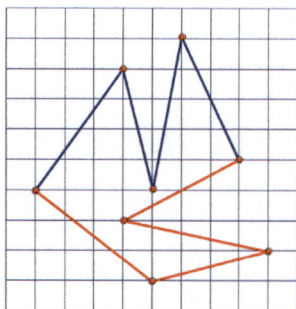

图　3-1-9-1

问题 3-1-10

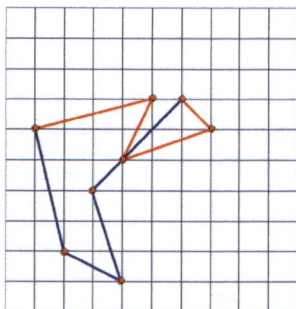

图　3-1-10-1

问题 3-1-11

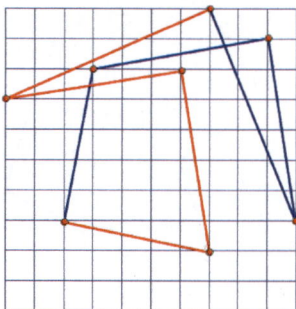

图　3-1-11-1

问题 3-1-12

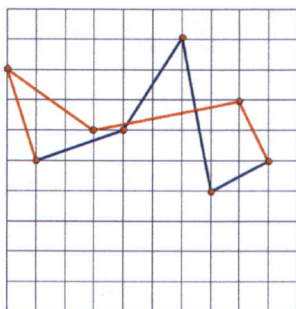

图　3-1-12-1

问题 3-1-13

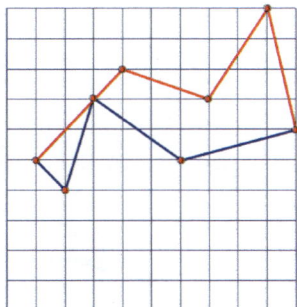

图　3-1-13-1

问题 3-1-14

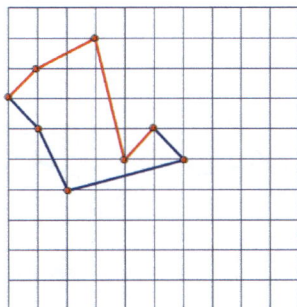

图　3-1-14-1

问题 3-1-15

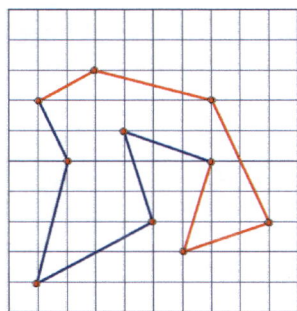

图　3-1-15-1

问题 3-1-16

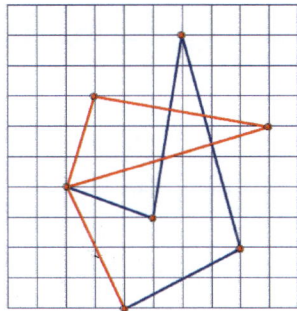

图　3-1-16-1

问题 3-1-17

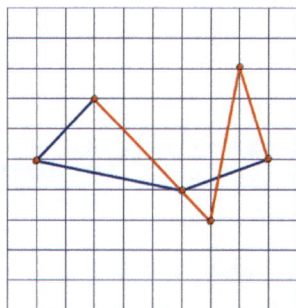

图　3-1-17-1

问题 3-1-18

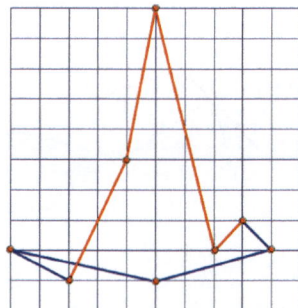

图　3-1-18-1

问题 3-1-19

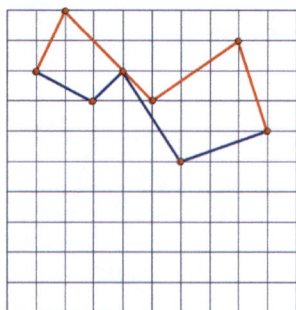

图　3-1-19-1

问题 3-1-20

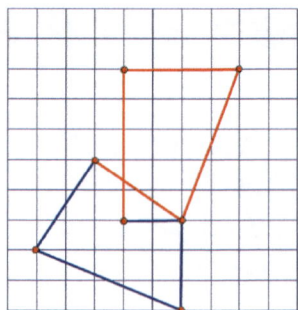

图　3-1-20-1

问题 3-1-21

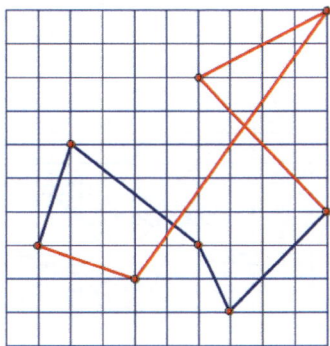

图 3-1-21-1

问题 3-1-22

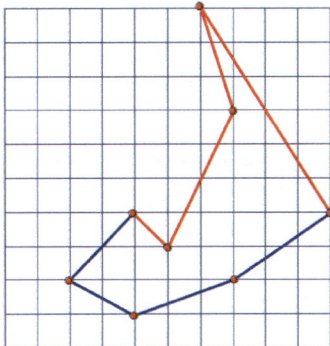

图 3-1-22-1

问题 3-1-23

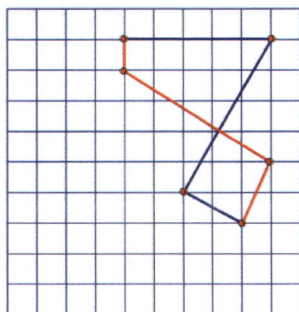

图 3-1-23-1

问题 3-1-24

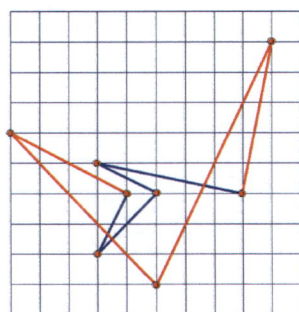

图 3-1-24-1

问题 3-1-25

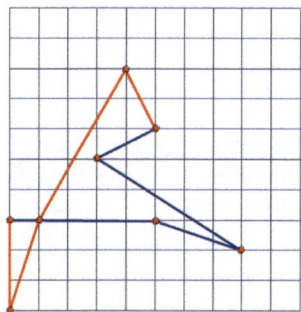

图　3-1-25-1

问题 3-1-26

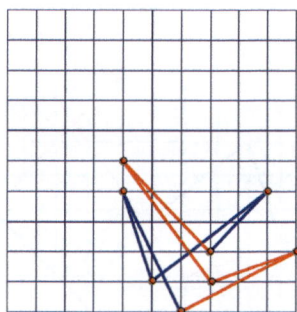

图 3-1-26-1

问题 3-1-27

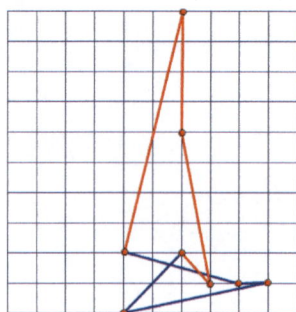

图　3-1-27-1

问题 3-1-28

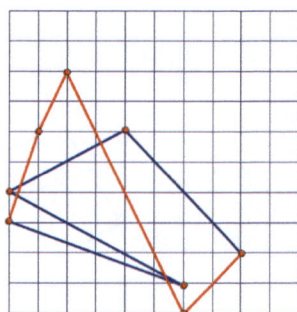

图　3-1-28-1

問題 **3-1-29**

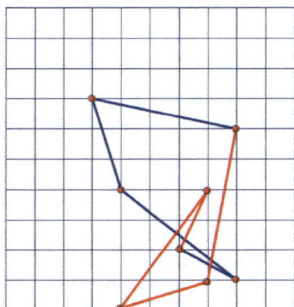

图 3-1-29-1

問題 **3-1-30**

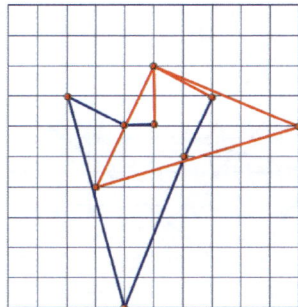

图 3-1-30-1

問題 **3-2-1**

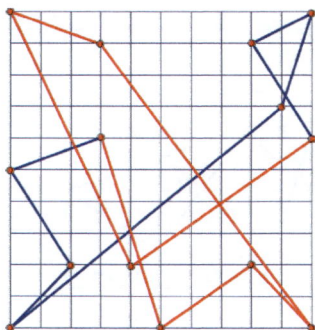

图 3-2-1-1

問題 **3-2-2**

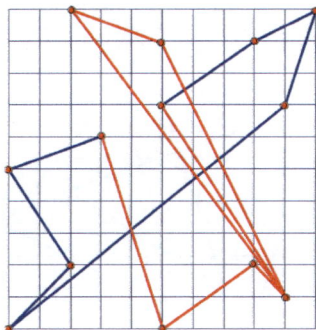

图 3-2-2-1

问题 3-2-3

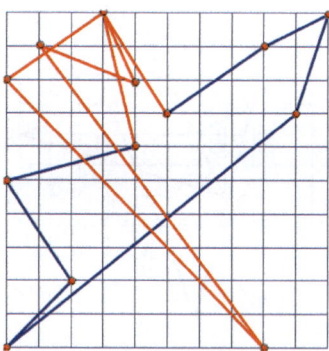

图 3-2-3-1

问题 3-2-4

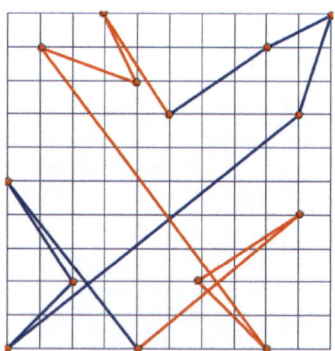

图 3-2-4-1

问题 3-2-5

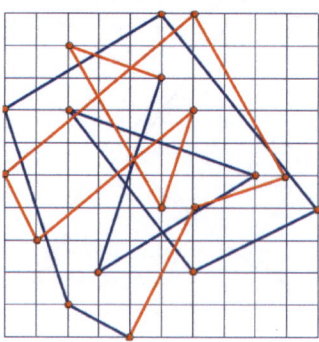

图 3-2-5-1

问题 3-2-6

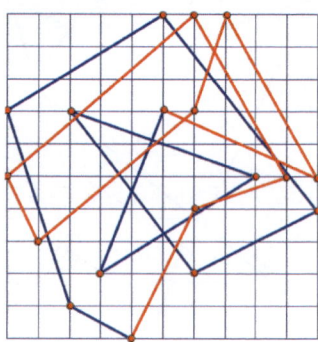

图 3-2-6-1

问题 3-2-7

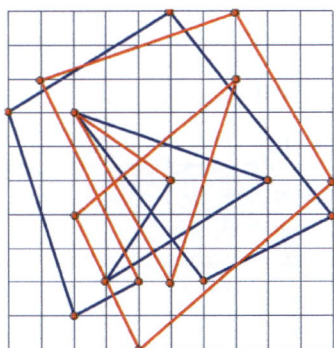

图　3-2-7-1

问题 3-2-8

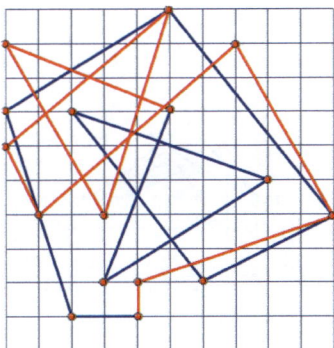

图　3-2-8-1

问题 3-2-9

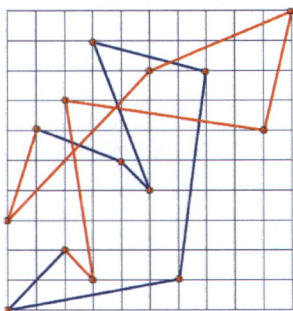

图　3-2-9-1

问题 3-2-10

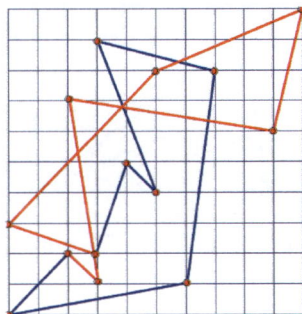

图　3-2-10-1

问题 3-2-11

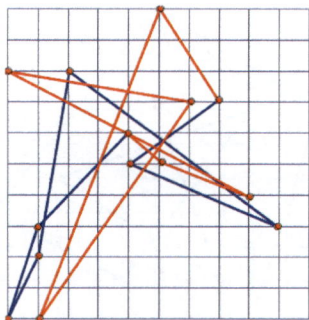

图　3-2-11-1

问题 3-2-12

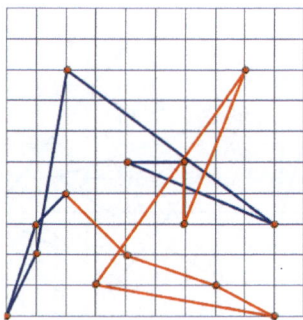

图　3-2-12-1

问题 3-2-13

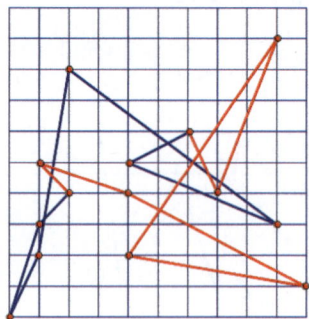

图　3-2-13-1

问题 3-2-14

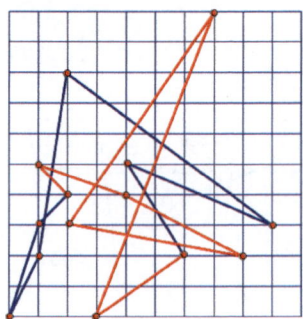

图　3-2-14-1

问题 3-2-15

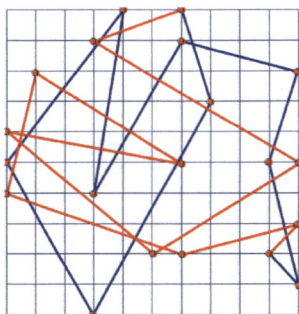

图　3-2-15-1

问题 3-2-16

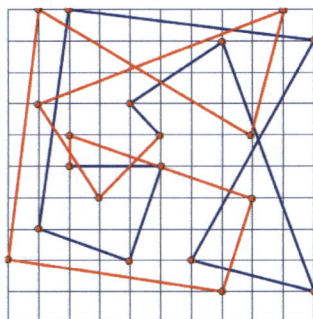

图　3-2-16-1

问题 3-2-17

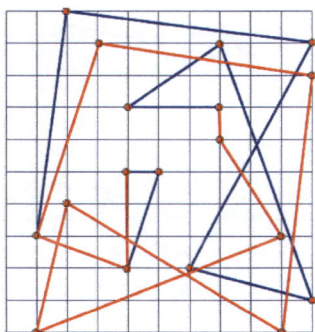

图　3-2-17-1

问题 3-2-18

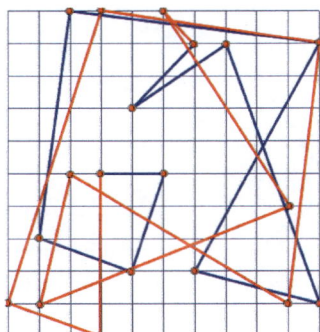

图　3-2-18-1

问题 3-2-19

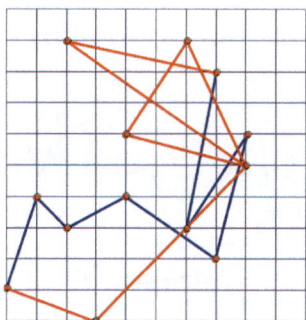

图　3-2-19-1

问题 3-2-20

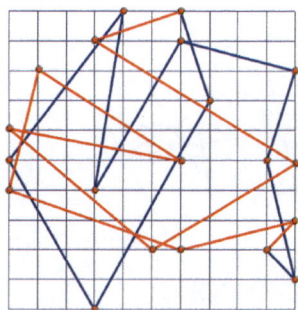

图　3-2-20-1

问题 3-2-21

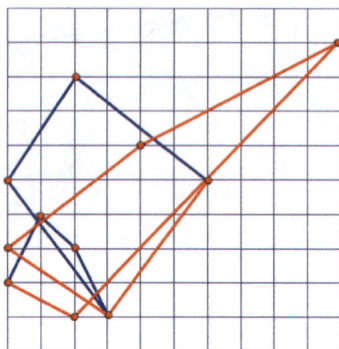

图　3-2-21-1

问题 3-2-22

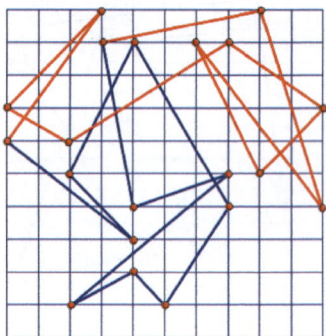

图　3-2-22-1

问题 3-2-23

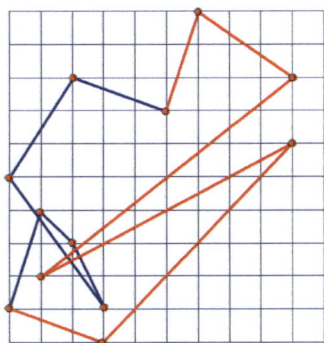

图　3-2-23-1

问题 3-2-24

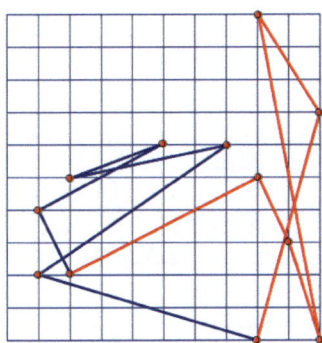

图　3-2-24-1

问题 3-2-25

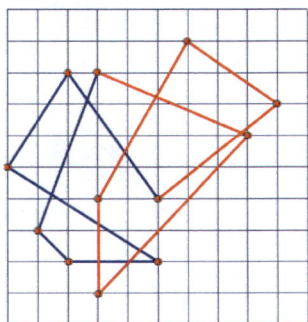

图　3-2-25-1

问题 3-2-26

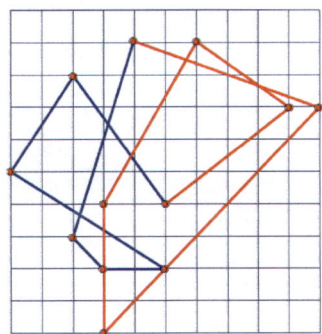

图　3-2-26-1

问题 3-2-27

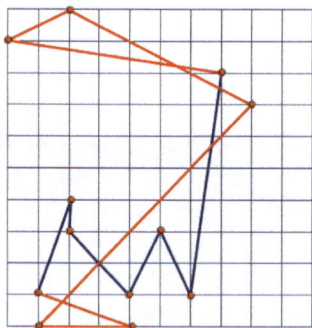

图　3-2-27-1

问题 3-2-28

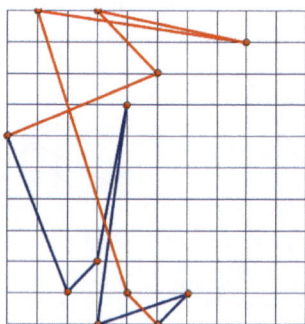

图　3-2-28-1

问题 3-2-29

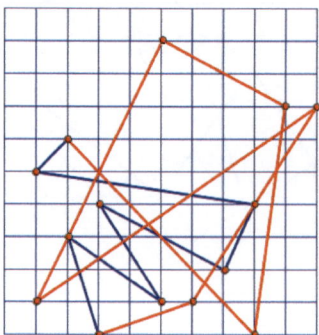

图　3-2-29-1

问题 3-2-30

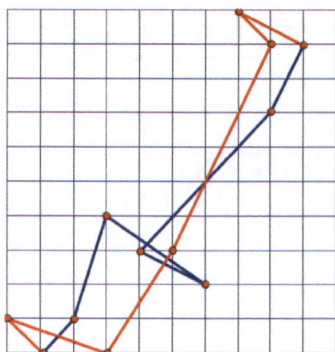

图　3-2-30-1

问题 3-3-1

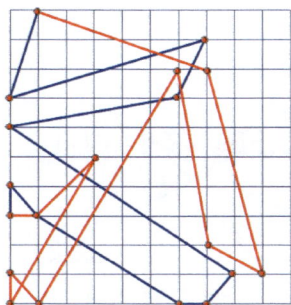

图 3-3-1-1

问题 3-3-2

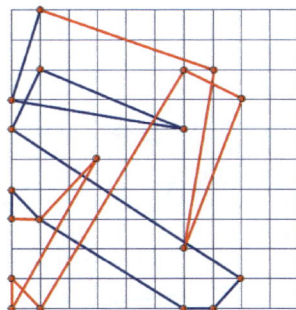

图 3-3-2-1

问题 3-3-3

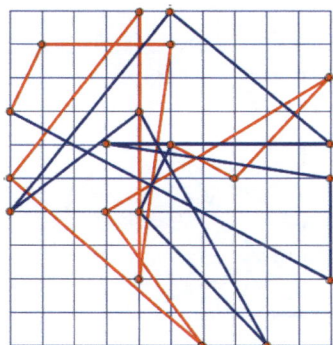

图 3-3-3-1

问题 3-3-4

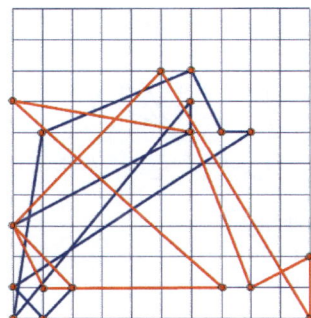

图 3-3-4-1

问题 3-3-5

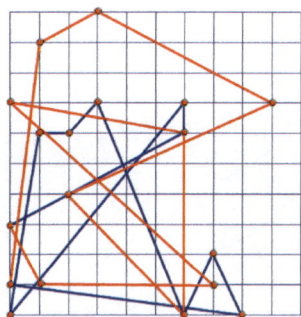

图　3-3-5-1

问题 3-3-6

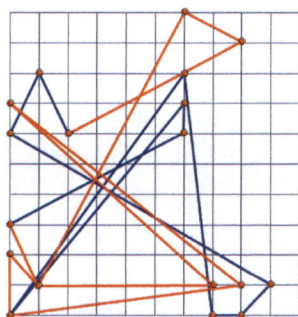

图　3-3-6-1

问题 3-3-7

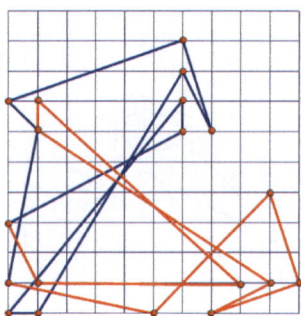

图　3-3-7-1

问题 3-3-8

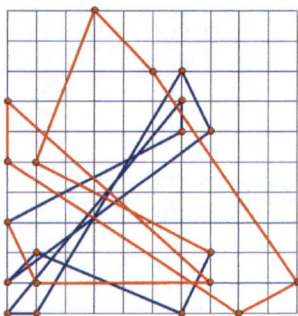

图　3-3-8-1

问题 **3-3-9**

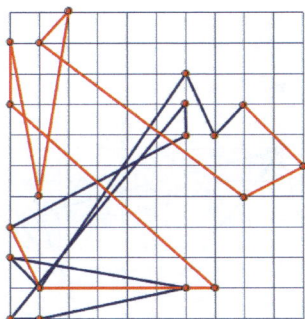

图　3-3-9-1

问题 **3-3-10**

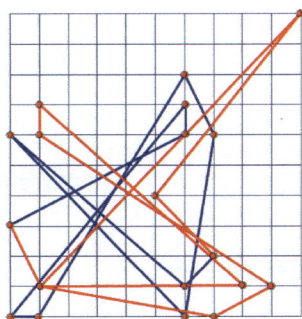

图　3-3-10-1

问题 **3-3-11**

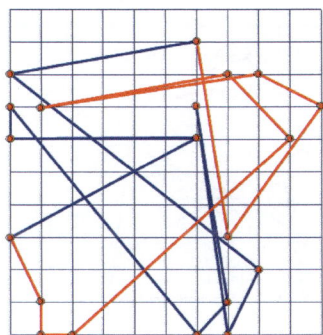

图　3-3-11-1

问题 **3-3-12**

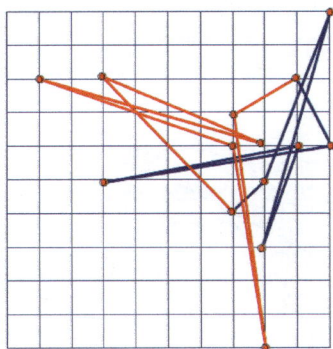

图　3-3-12-1

问题 3-3-13

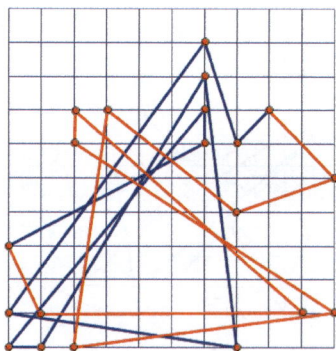

图　3-3-13-1

问题 3-3-14

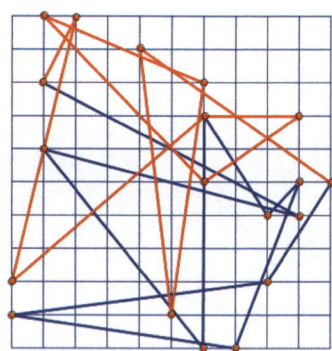

图　3-3-14-1

问题 3-3-15

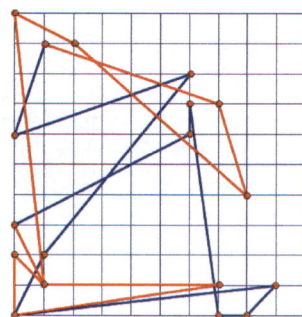

图　3-3-15-1

问题 3-3-16

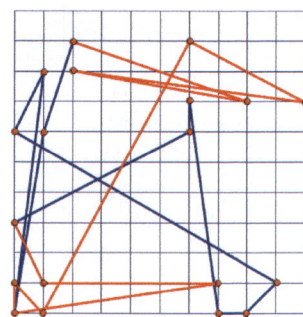

图　3-3-16-1

问题 3-3-17

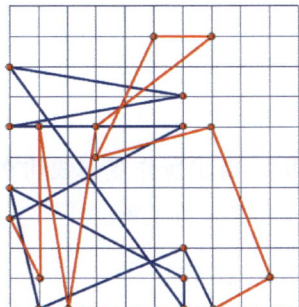

图　3-3-17-1

问题 3-3-18

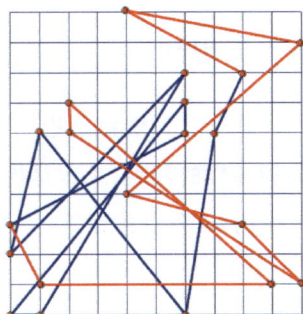

图　3-3-18-1

问题 3-3-19

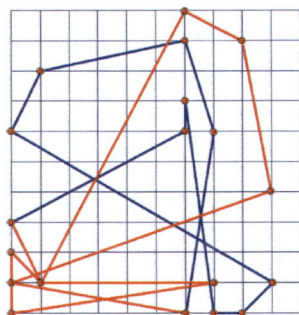

图　3-3-19-1

问题 3-3-20

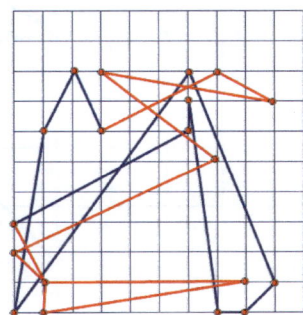

图　3-3-20-1

第4章 花式形独

4.1 外观型

外观型花式形独是指用作形独的方格不限于 10×10,可以有各种各样的外观,或者是内部有镂空.要求所作点和线均在给定区域内.在外观限制下,能保证做出结果的唯一性.

问题 4-1-1

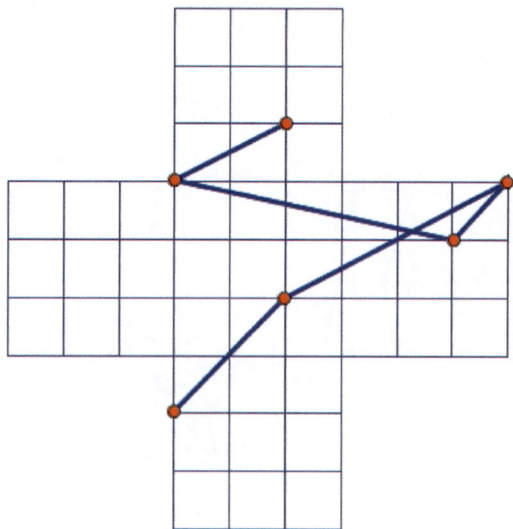

图 4-1-1

问题 **4-1-2**

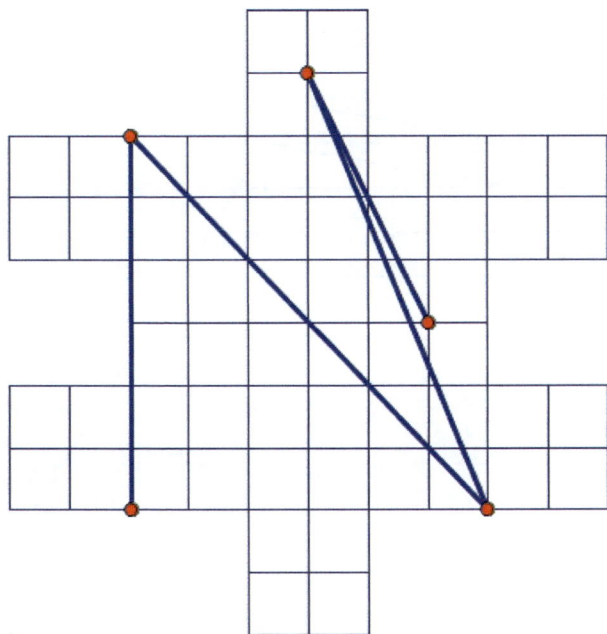

图 4-1-2

问题 **4-1-3**

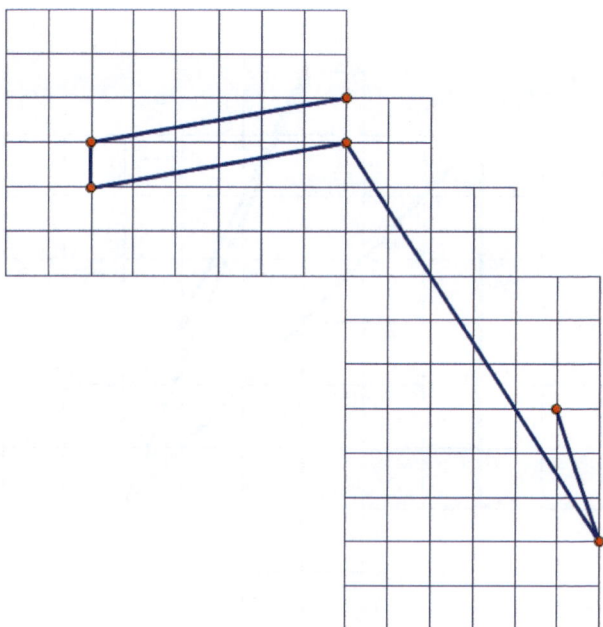

图　4-1-3

问题 **4-1-4**

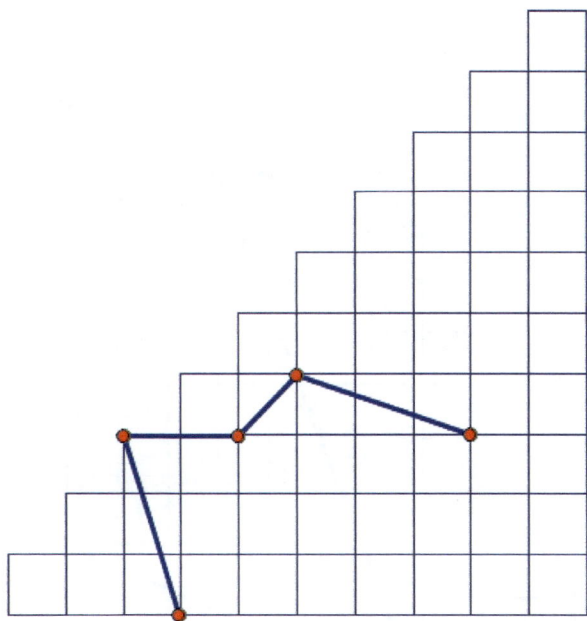

图 4-1-4

问题 4-1-5

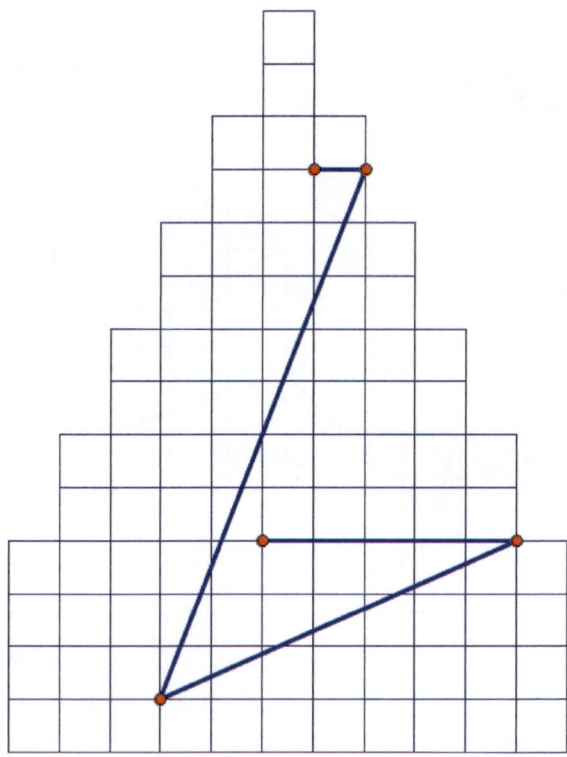

图　4-1-5

问题 **4-1-6**

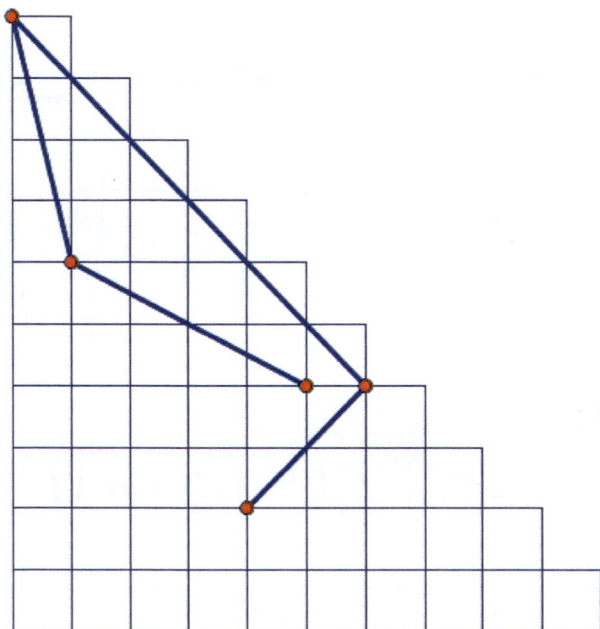

图 4-1-6

问题 4-1-7

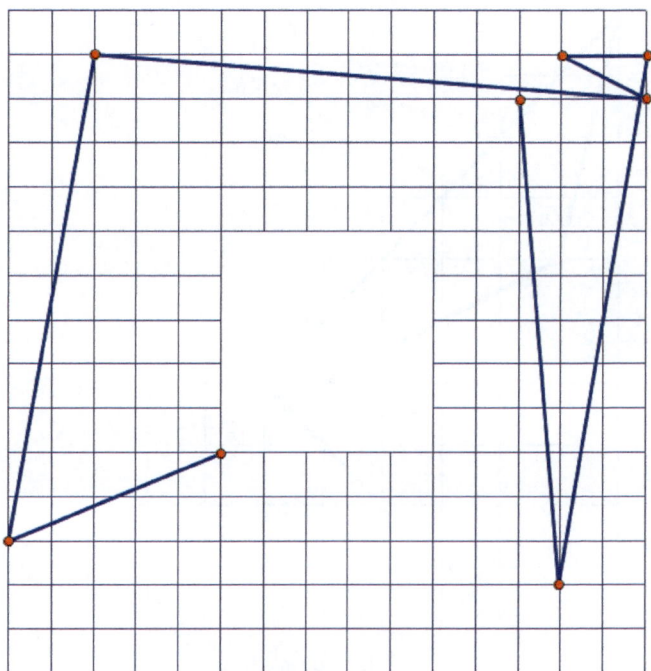

图　4-1-7

问题 4-1-8

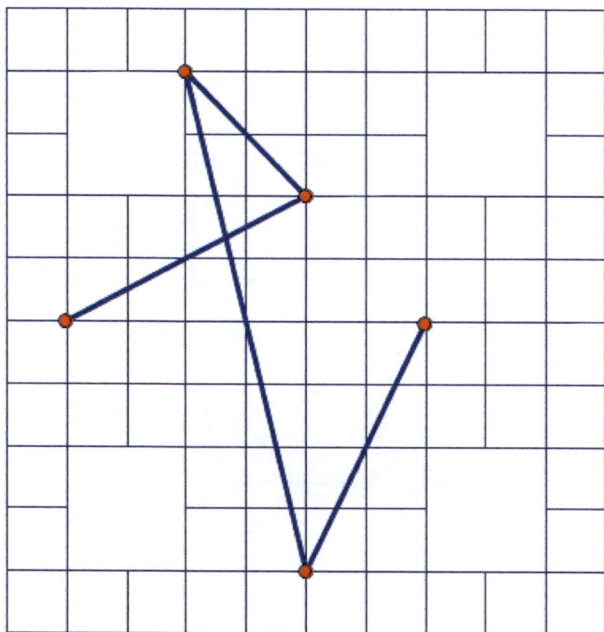

图　4-1-8

问题 **4-1-9**

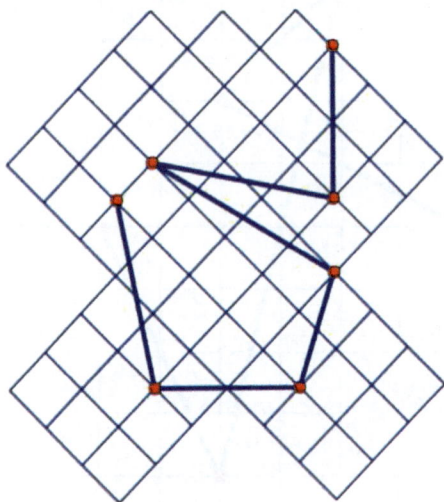

图　4-1-9

问题 **4-1-10**

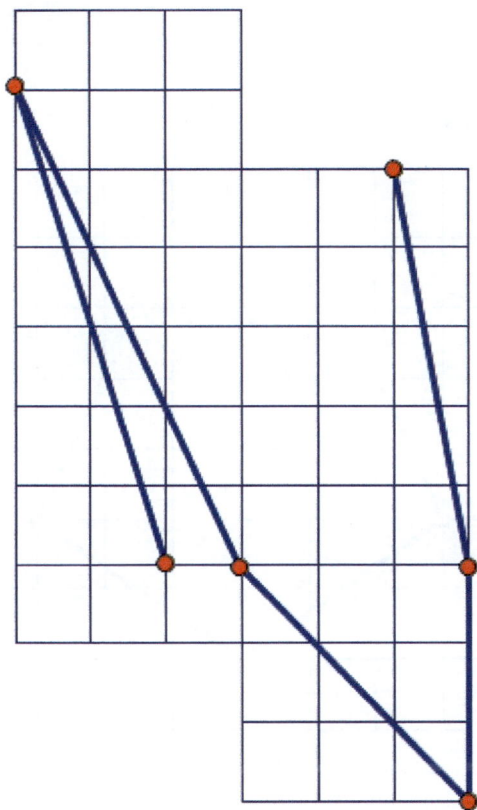

图　4-1-10

4.2　线条型

线条型花式形独是指题中的线条比较有特点,例如具有对称性或特殊造型,也可以是给出答案后线条造型奇特,或以上两者兼而有之.

问题 4-2-1

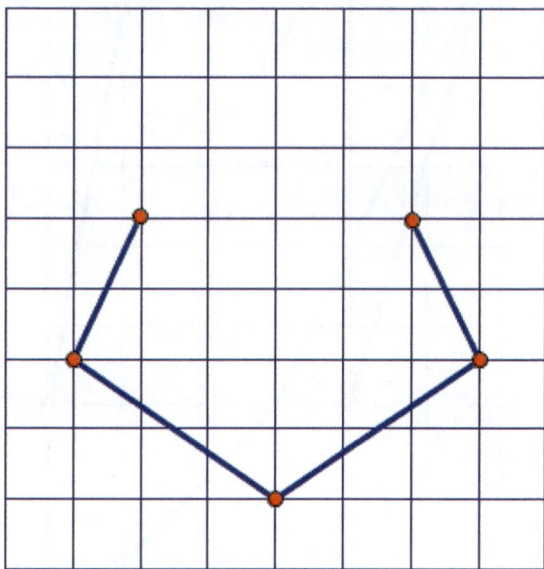

图　4-2-1

问题 **4-2-2**

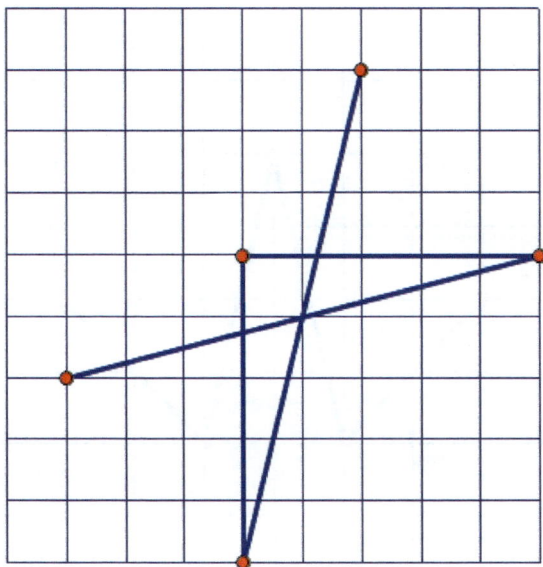

图　4-2-2

问题 4-2-3

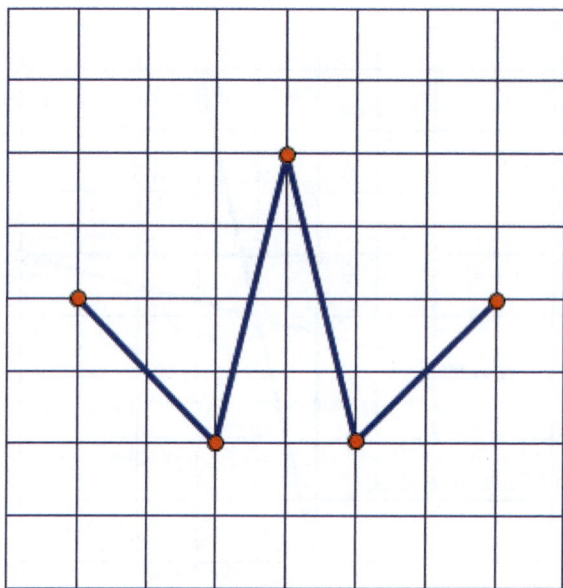

图　4-2-3

问题 **4-2-4**

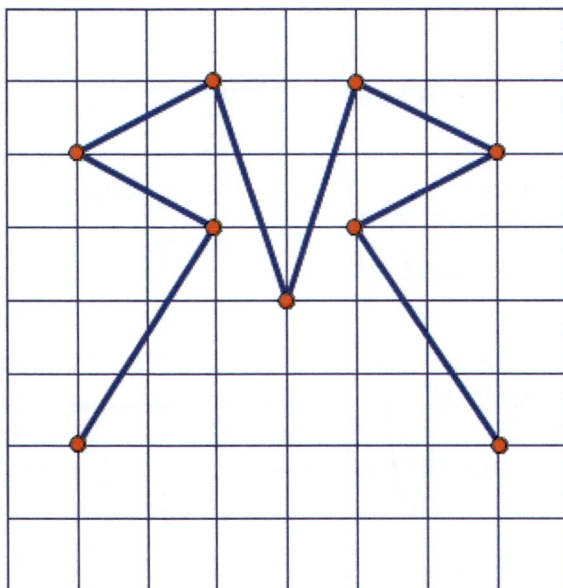

图　4-2-4

问题 4-2-5

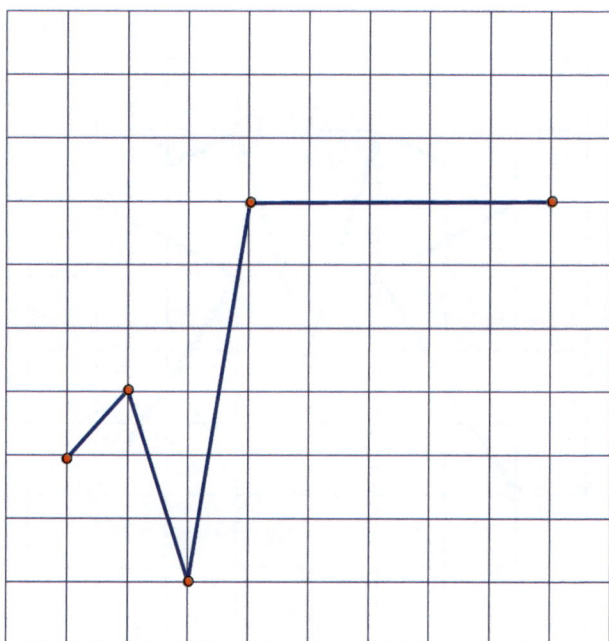

图　4-2-5

说明：这是数学中常用的根号"$\sqrt{}$".

问题 4-2-6

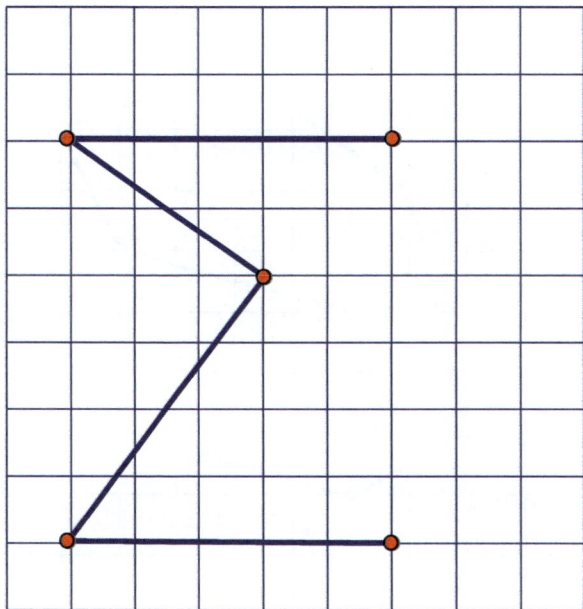

图　4-2-6

说明：这是数学中的求和记号"$\sum$".

问题 **4-2-7**

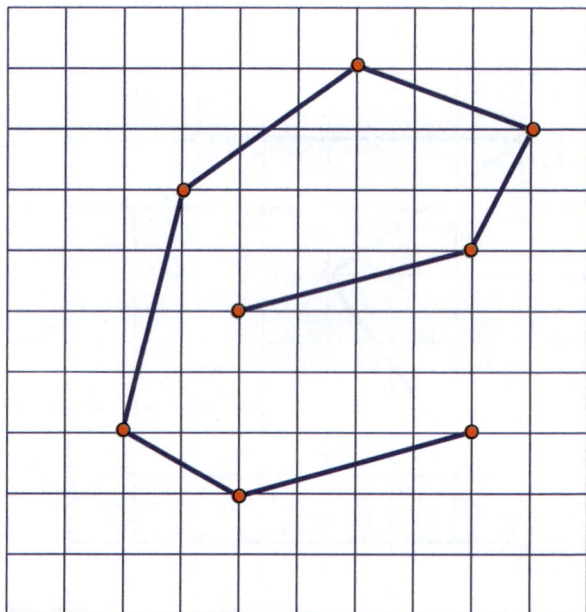

图 4-2-7

说明：这是数学中重要的常数记号"e".

问题 **4-2-8**

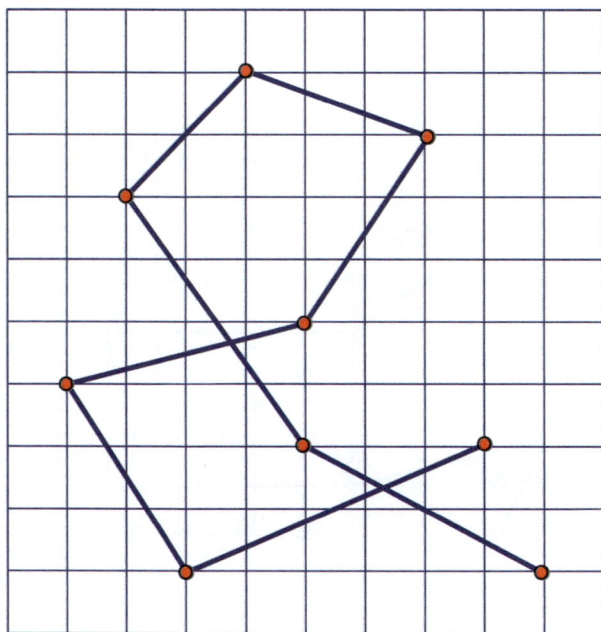

图 4-2-8

说明：这是表示"并且"的记号"&".

4.3 条件型

条件型花式形独是指在一定限定条件下完成形独.

问题 4-3-1

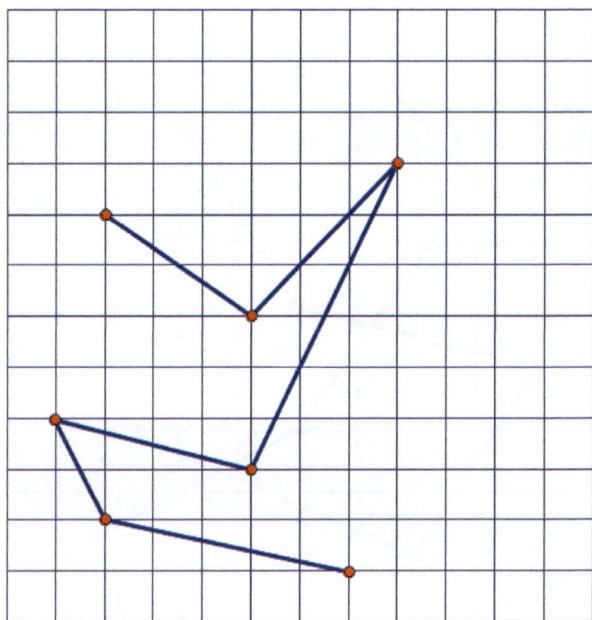

图　4-3-1

条件：必须有点达到上边界.

问题 **4-3-2**

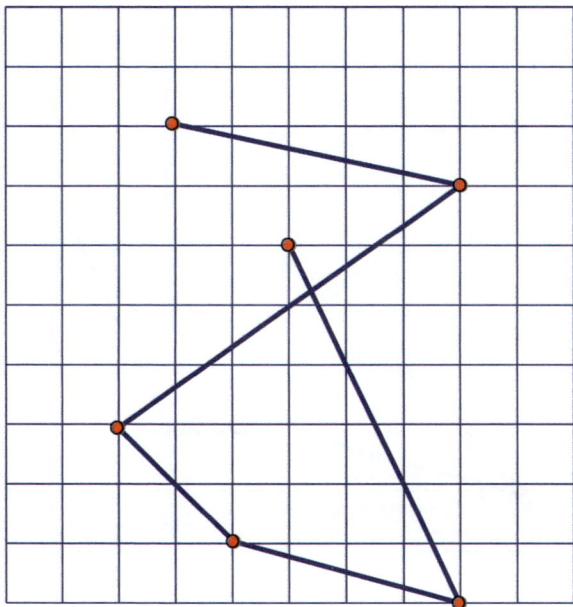

图　4-3-2

条件：必须有点达到下边界.

问题 4-3-3

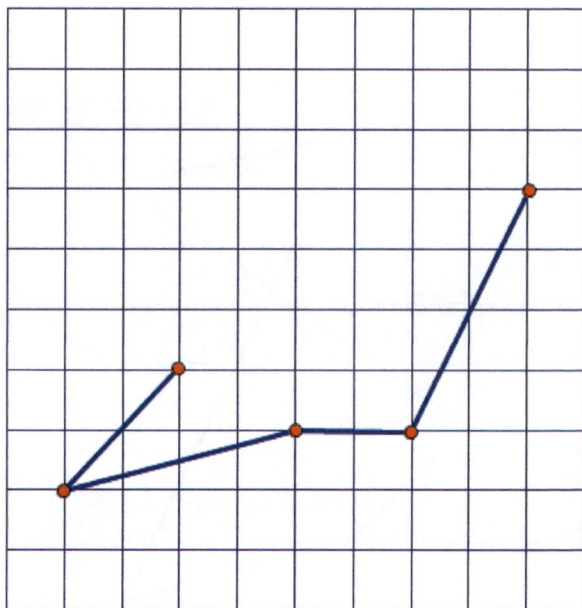

图　4-3-3

条件：所求解必须过网格中心．

问题 4-3-4

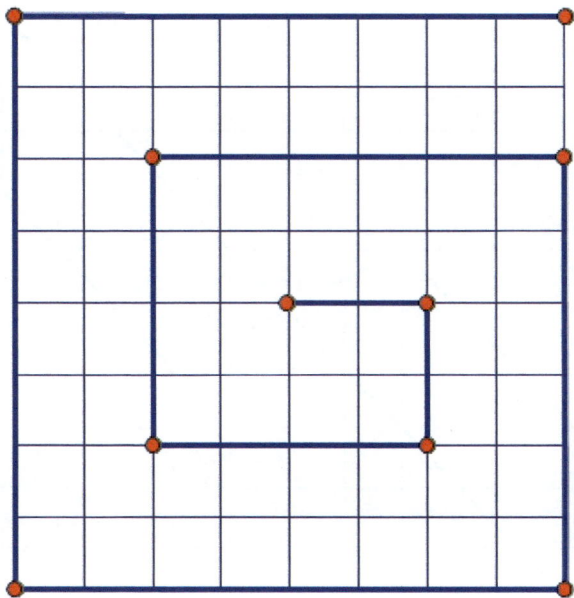

图　4-3-4

条件：解与原题除起点终点外再无交点.

问题 **4-3-5**

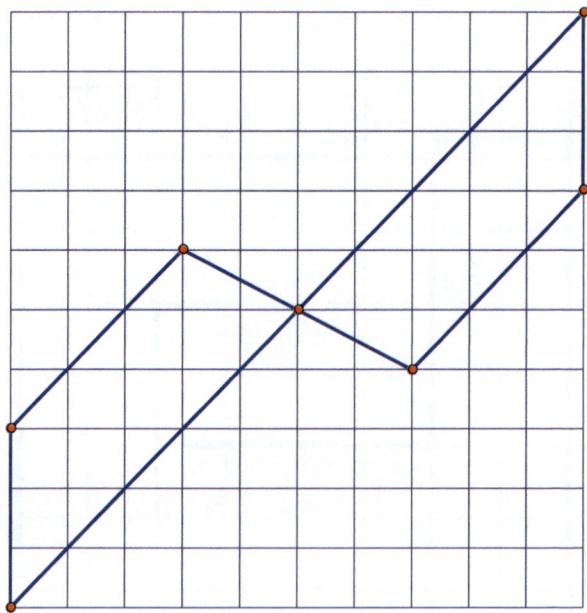

图　4-3-5

条件：对应垂直的线段必须等长．

问题 4-3-6

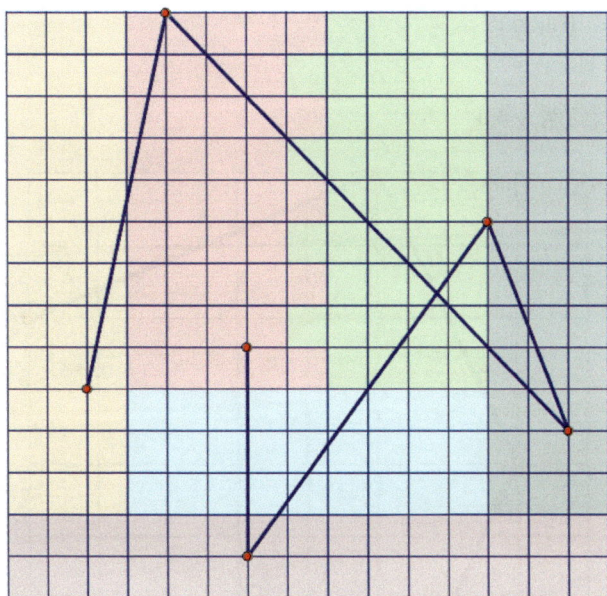

图　4-3-6

条件：所求解在每种颜色的格子里（非边界上）各有一个端点.

4.4 间断型

间断型花式形独是指已知题设 C 中若干线段和答案 C' 中的若干线段,补全其他线段的形独.这里定义:C 中共有 n 条线段的形独称为 n 元形独.并约定以下蓝色线段为 C 中部分,橙色线段为 C' 中部分.

问题 4-4-1

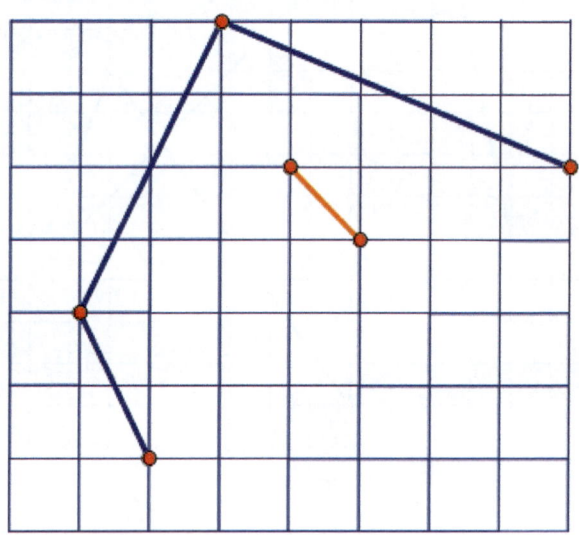

图 4-4-1

说明:4 元形独.

问题 4-4-2

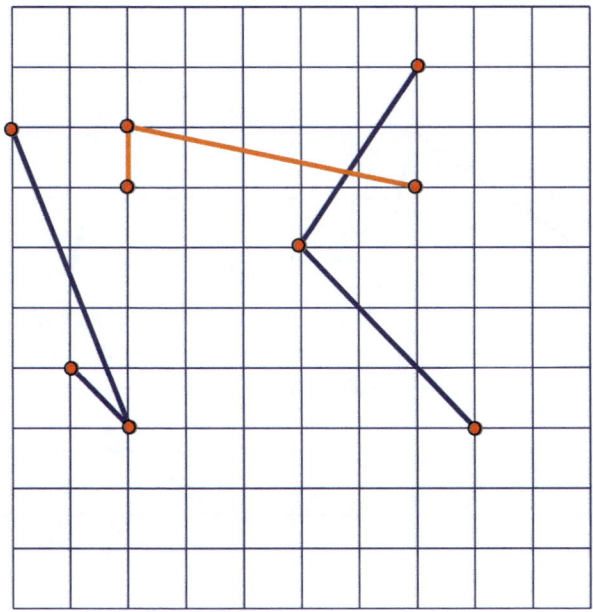

图　4-4-2

说明：6 元形独.

问题 4-4-3

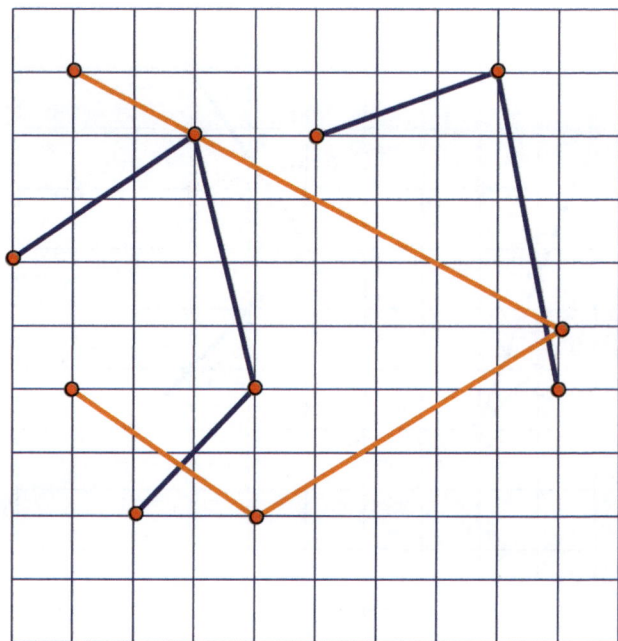

图　4-4-3

说明：8 元形独.

问题 4-4-4

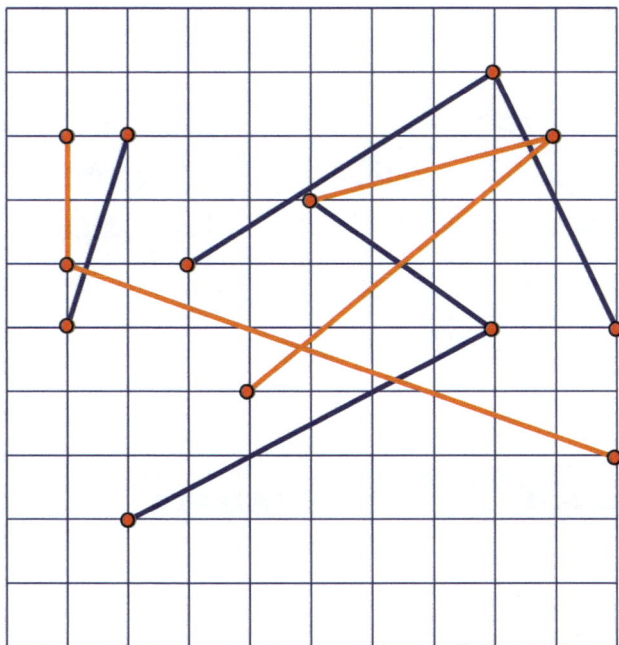

图　4-4-4

说明：9 元双断形独.

4.5 本章答案

本节给出第 4 章前面 4 节形独问题的答案，具体每个问题的答案见下面的对应图形.

问题 4-1-1

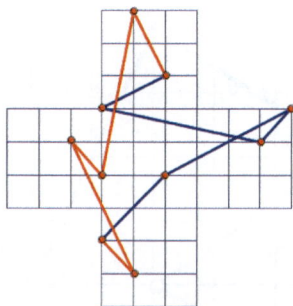

图　4-1-1-1

问题 4-1-2

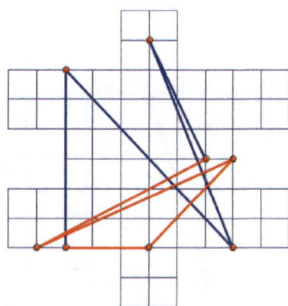

图　4-1-2-1

问题 4-1-3

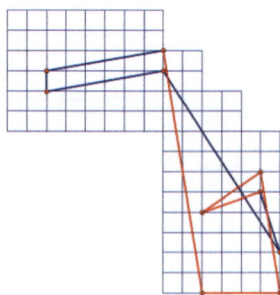

图　4-1-3-1

问题 4-1-4

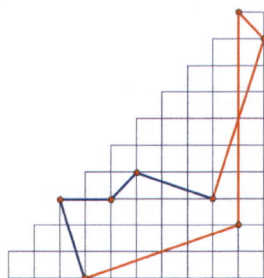

图　4-1-4-1

问题 4-1-5

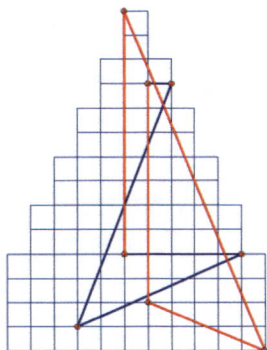

图　4-1-5-1

问题 4-1-6

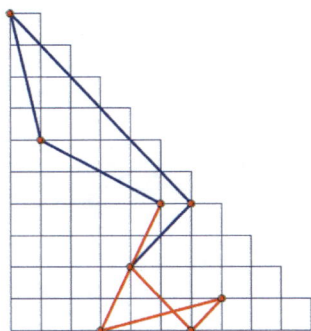

图　4-1-6-1

问题 4-1-7

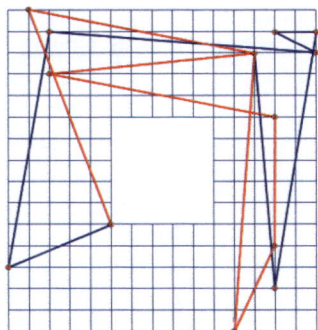

图　4-1-7-1

问题 4-1-8

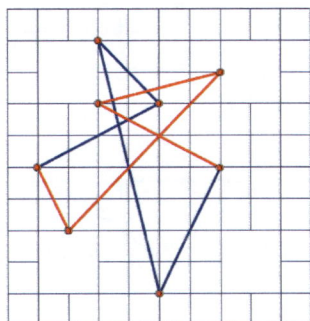

图　4-1-8-1

问题 4-1-9

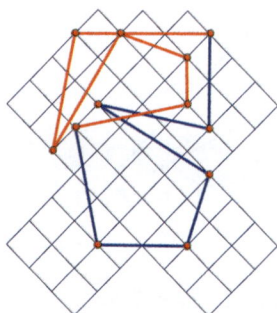

图　4-1-9-1

问题 4-1-10

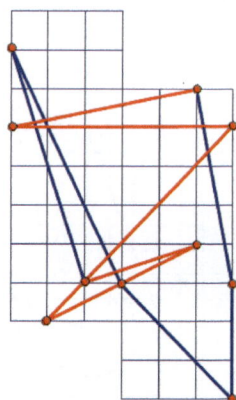

图　4-1-10-1

问题 4-2-1

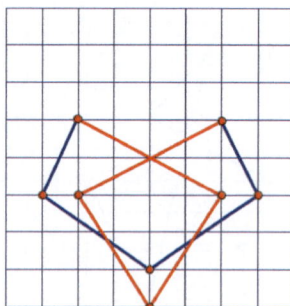

图　4-2-1-1

说明：山羊头.

问题 4-2-2

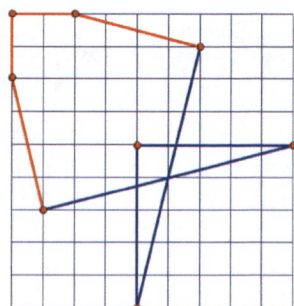

图　4-2-2-1

说明：大头鱼.

问题 4-2-3

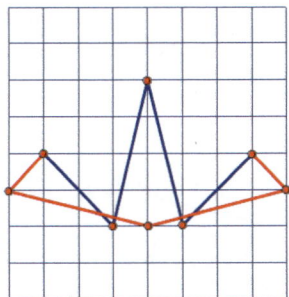

图 4-2-3-1

说明：飞机.

问题 4-2-4

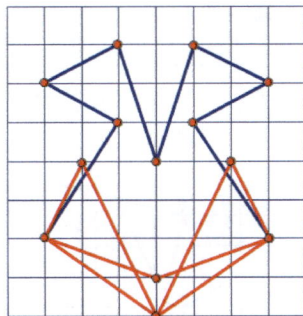

图 4-2-4-1

说明：花瓶.

问题 4-2-5

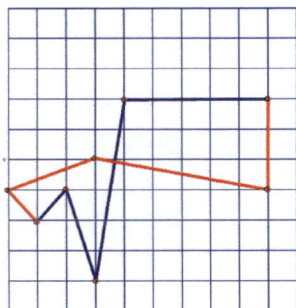

图 4-2-5-1

问题 4-2-6

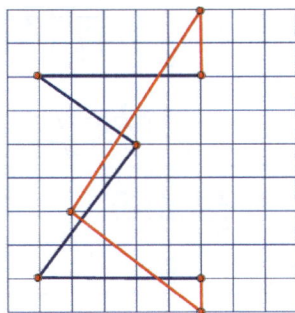

图 4-2-6-1

问题 4-2-7

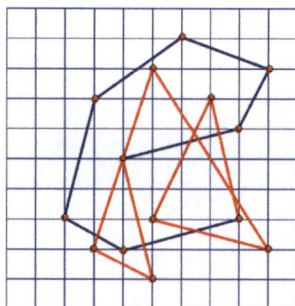

图 4-2-7-1

问题 4-2-8

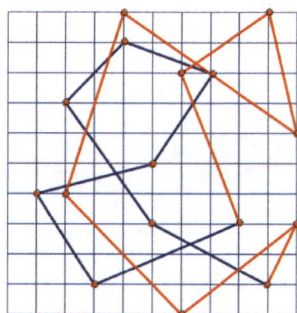

图 4-2-8-1

问题 4-3-1

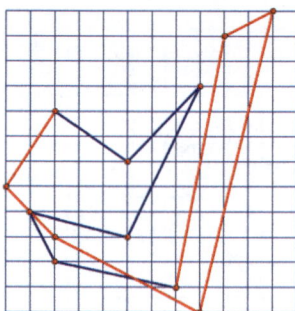

图 4-3-1-1

问题 4-3-2

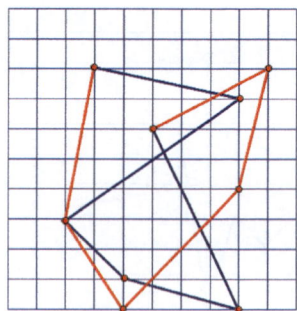

图 4-3-2-1

形
独

问题 4-3-3

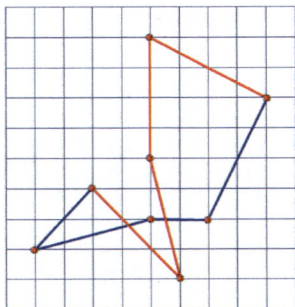

图 4-3-3-1

问题 4-3-4

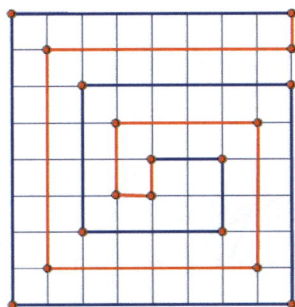

图 4-3-4-1

问题 4-3-5

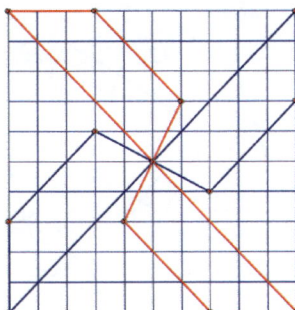

图 4-3-5-1

问题 4-3-6

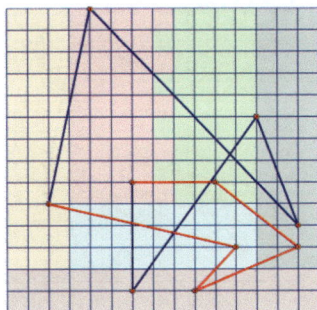

图 4-3-6-1

问题 4-4-1

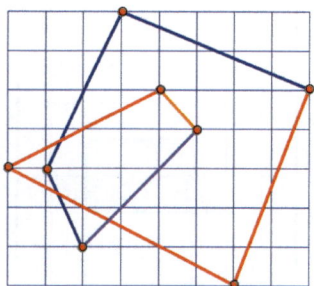

图　4-4-1-1

问题 4-4-2

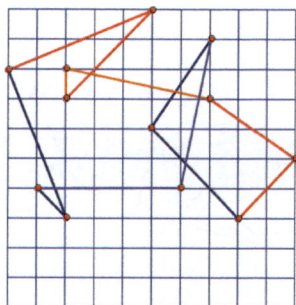

图　4-4-2-1

问题 4-4-3

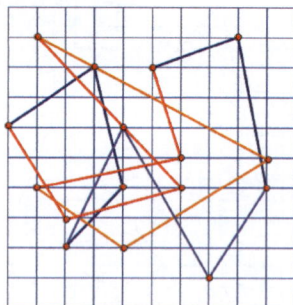

图　4-4-3-1

问题 4-4-4

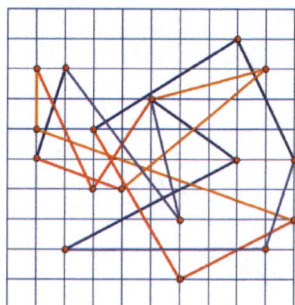

图　4-4-4-1

形
独

第 5 章　空间形独

5.1　空间形独一级

问题 5-1-1

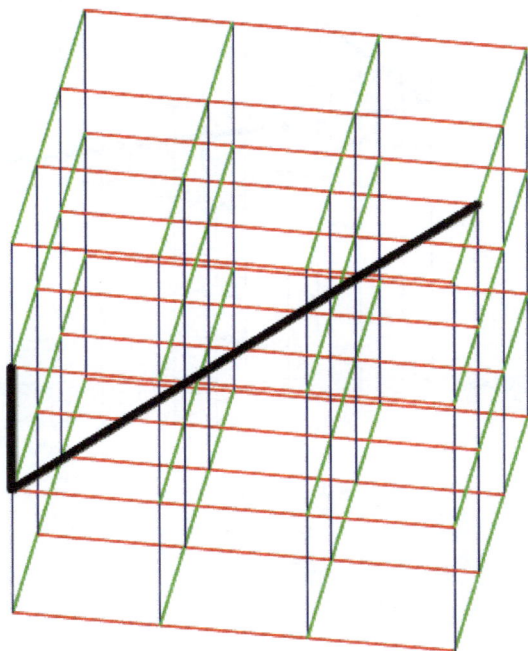

图　5-1-1

问题 5-1-2

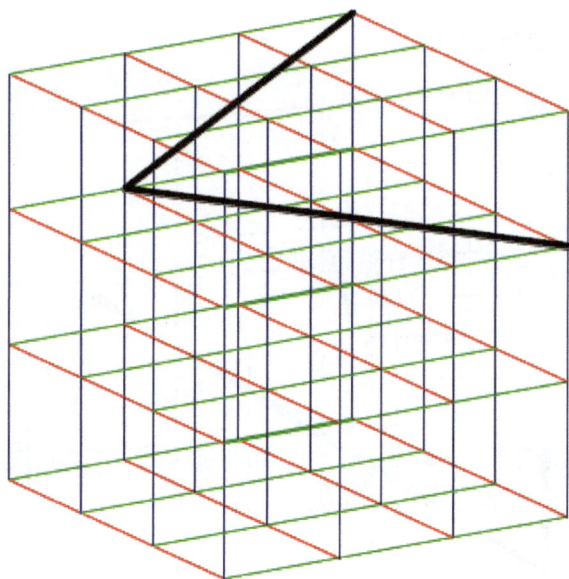

图 5-1-2

问题 5-1-3

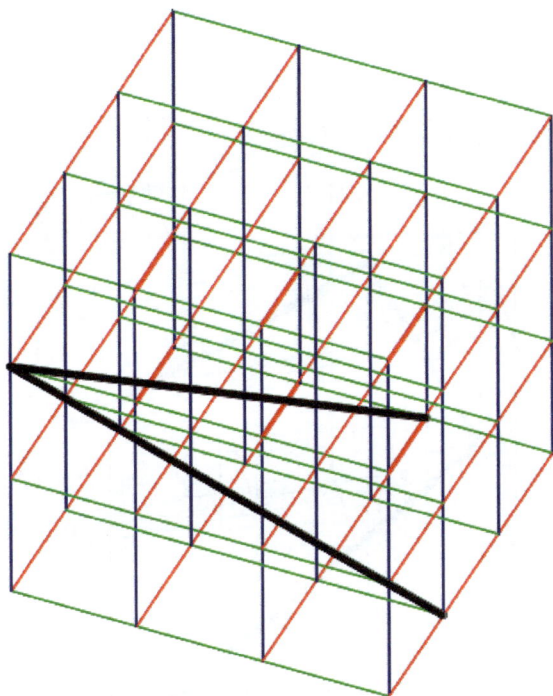

图　5-1-3

问题 5-1-4

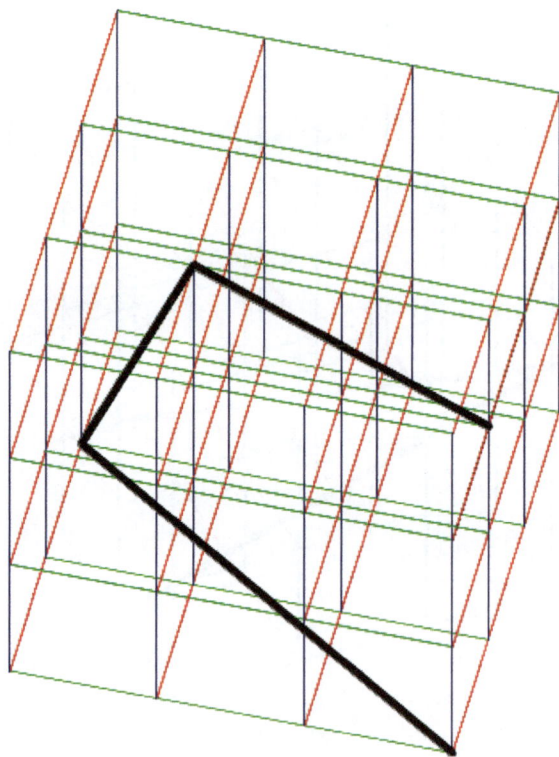

图　5-1-4

问题 5-1-5

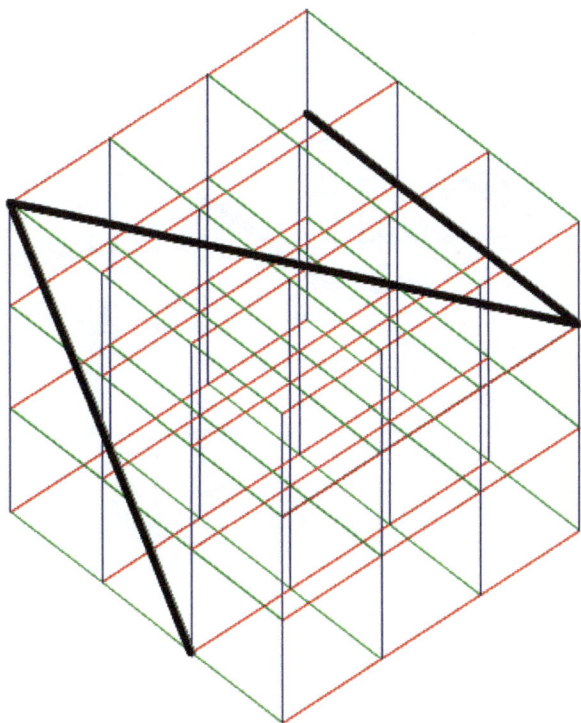

图　5-1-5

5.2 空间形独二级

问题 5-2-1

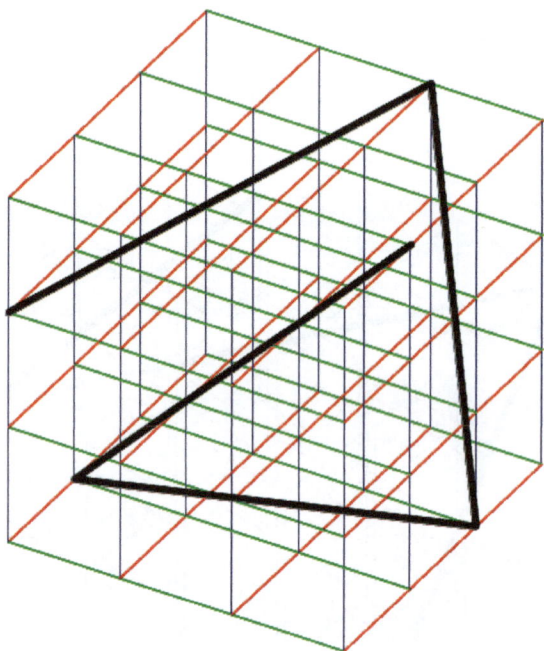

图 5-2-1

问题 **5-2-2**

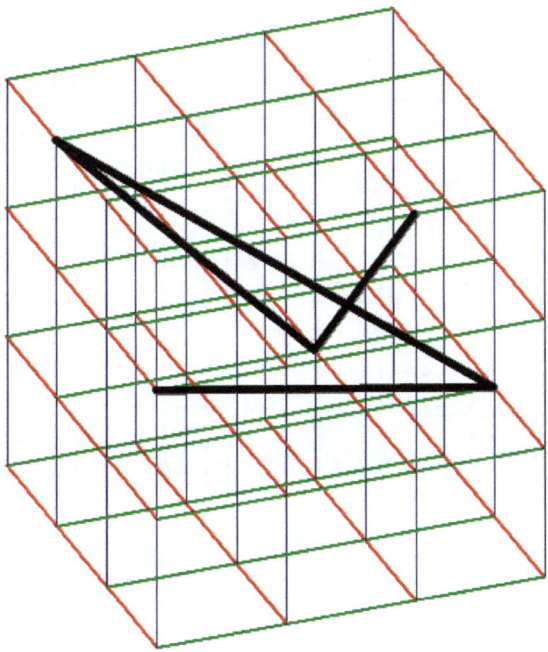

图　5-2-2

问题 5-2-3

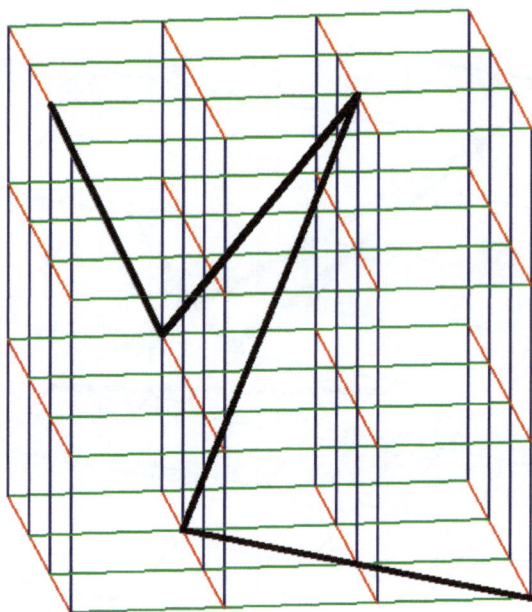

图　5-2-3

问题 5-2-4

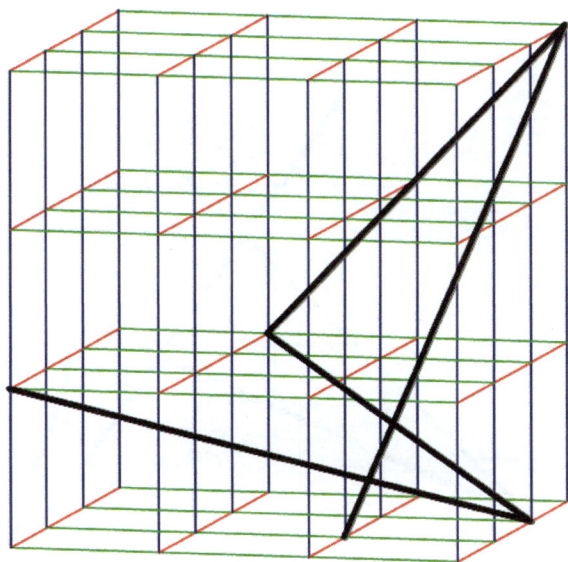

图　5-2-4

问题 5-2-5

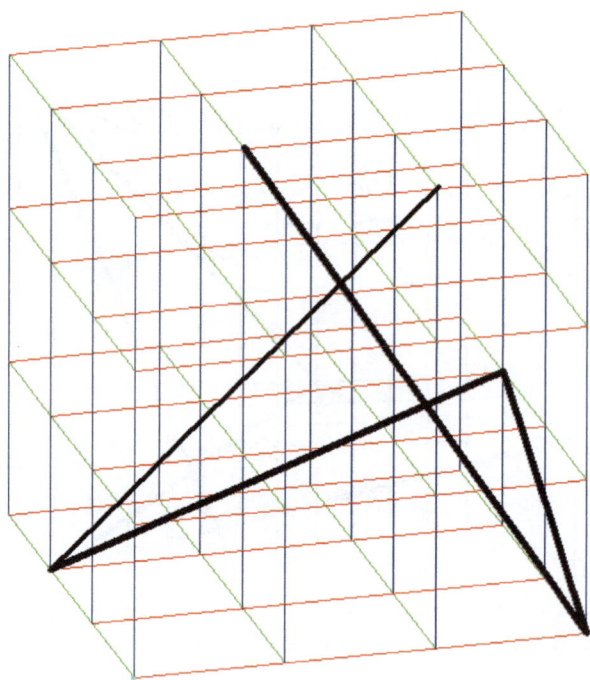

图　5-2-5

问题 **5-2-6**

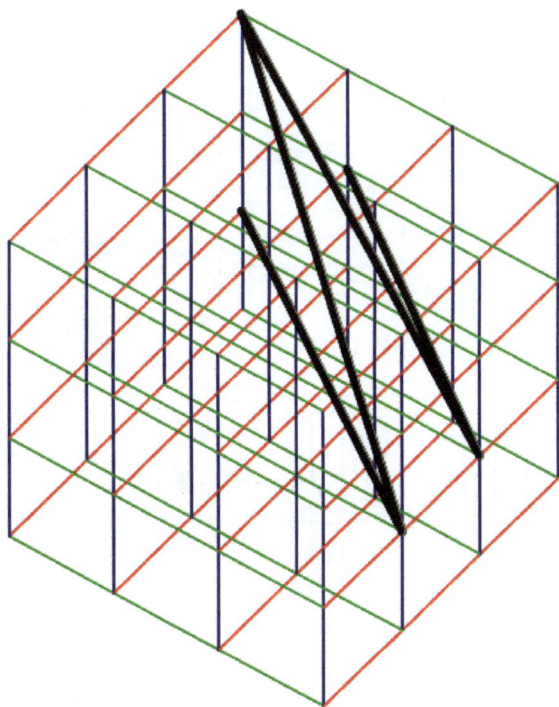

图 5-2-6

问题 5-2-7

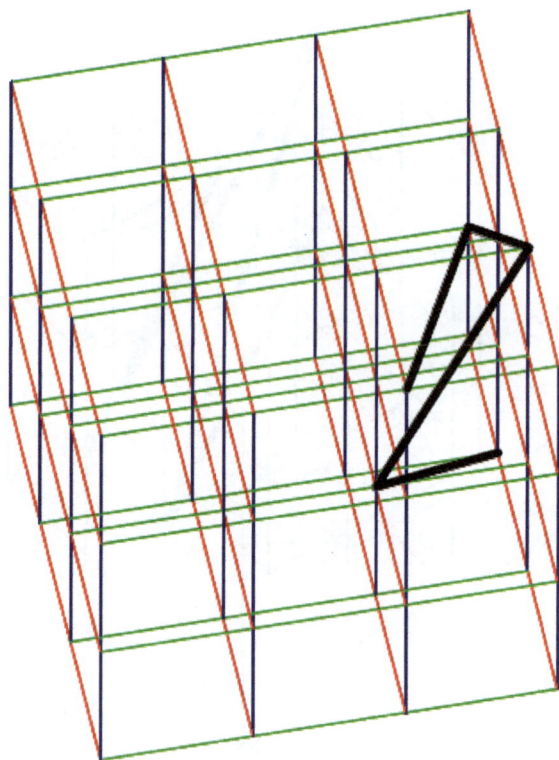

图　5-2-7

问题 5-2-8

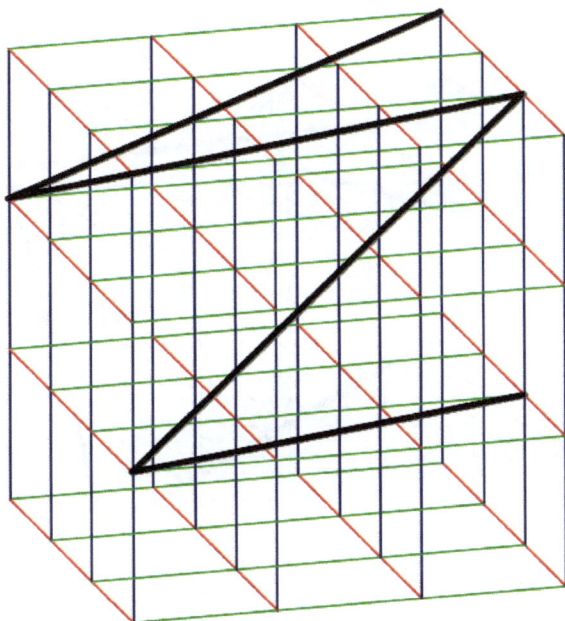

图 5-2-8

181

问题 5-2-9

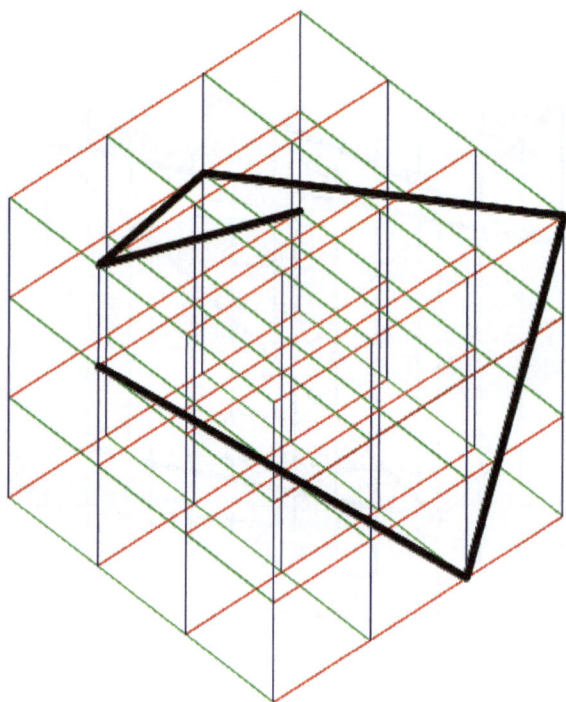

图　5-2-9

问题 **5-2-10**

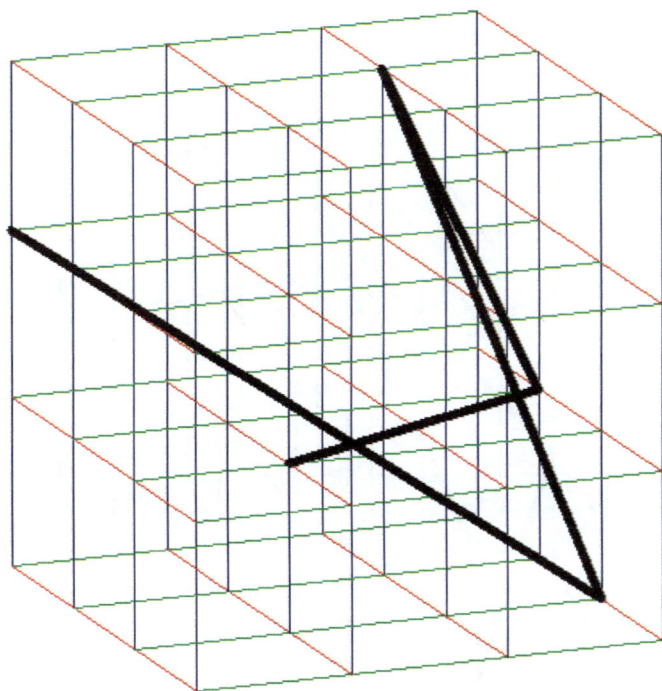

图　5-2-10

问题 **5-2-11**

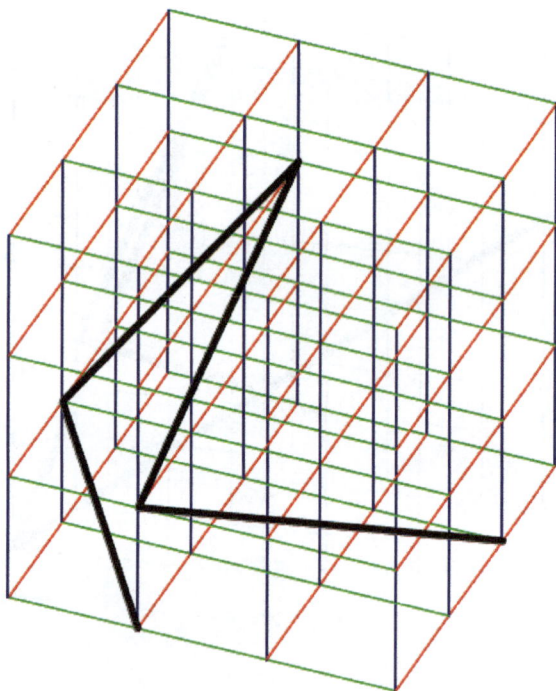

图　5-2-11

问题 5-2-12

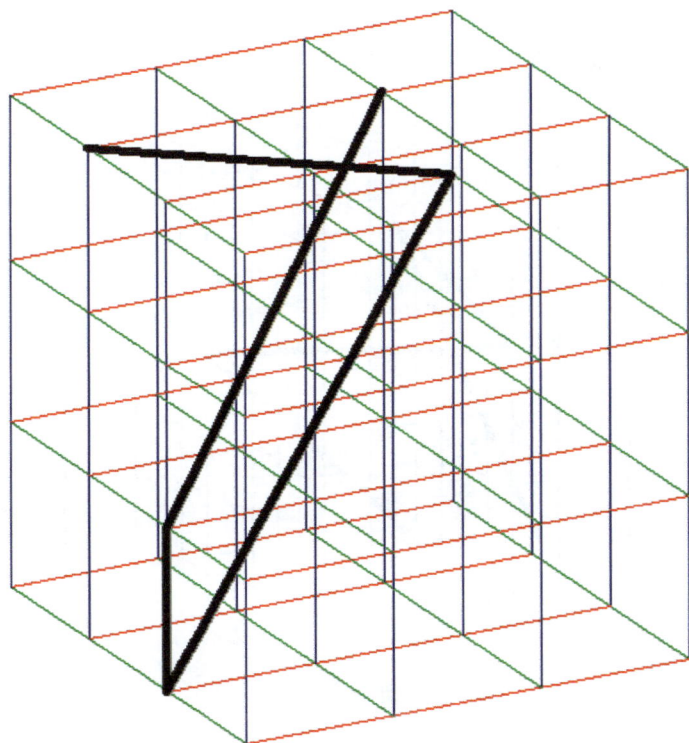

图　5-2-12

问题 **5-2-13**

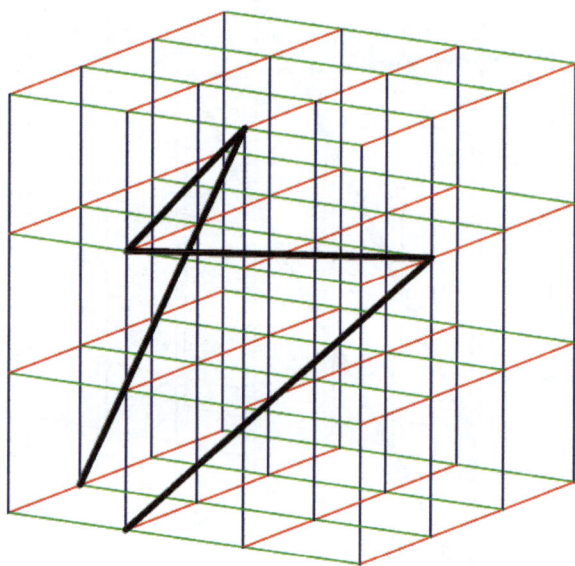

图 5-2-13

问题 5-2-14

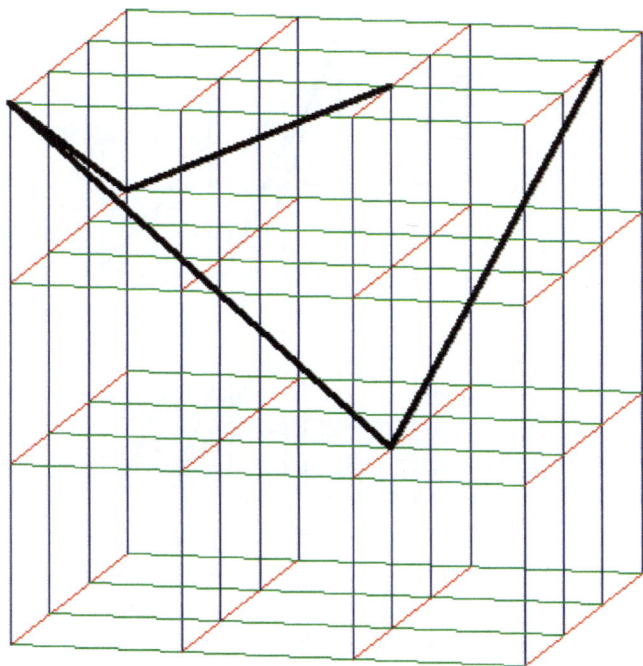

图　5-2-14

问题 5-2-15

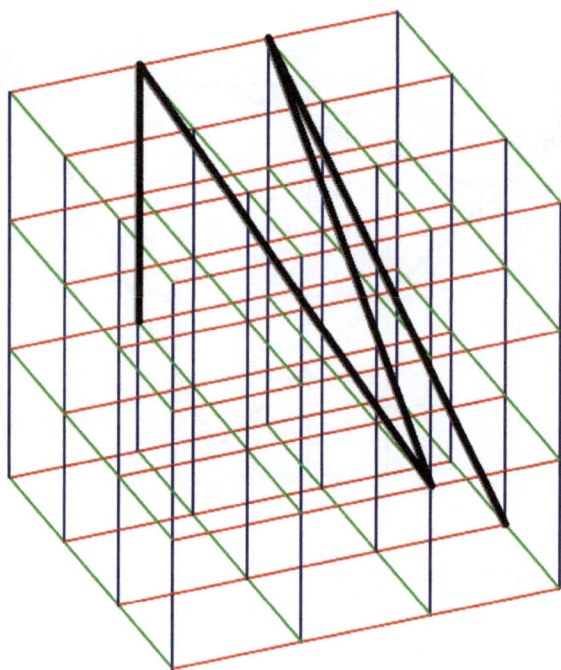

图　5-2-15

5.3 空间形独三级

问题 5-3-1

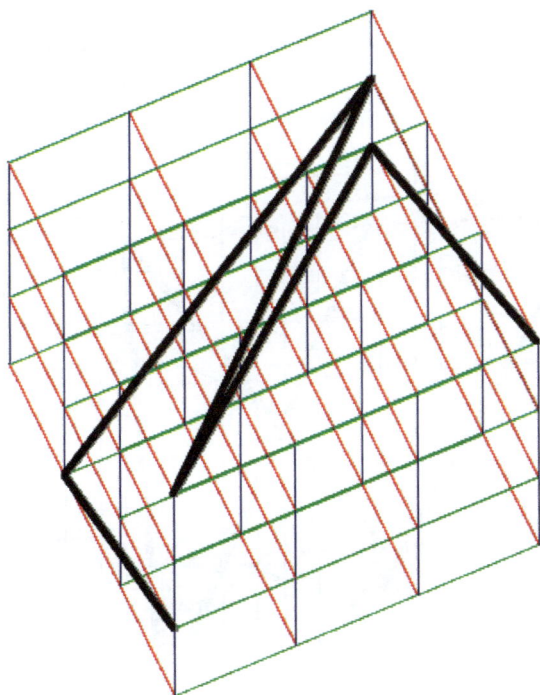

图 5-3-1

问题 **5-3-2**

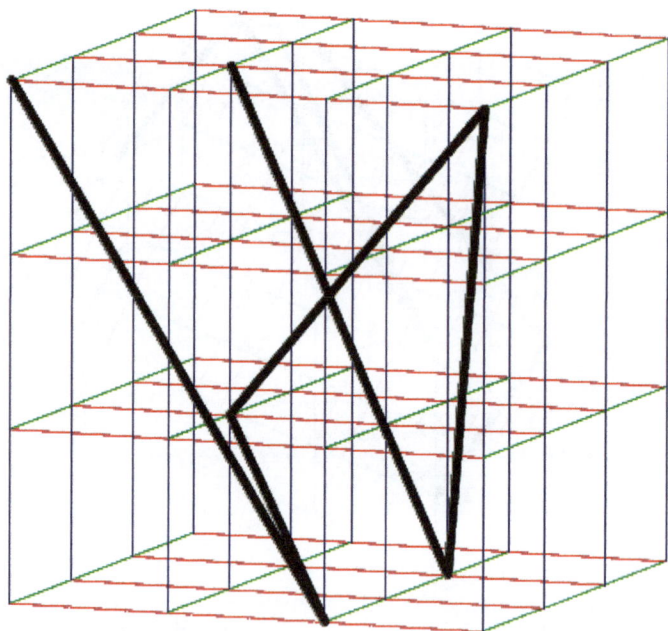

图 5-3-2

问题 **5-3-3**

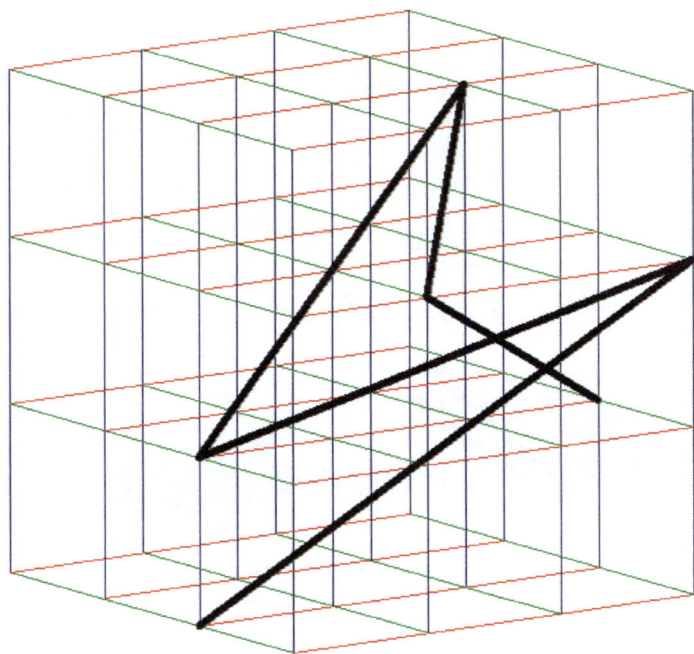

图　5-3-3

问题 5-3-4

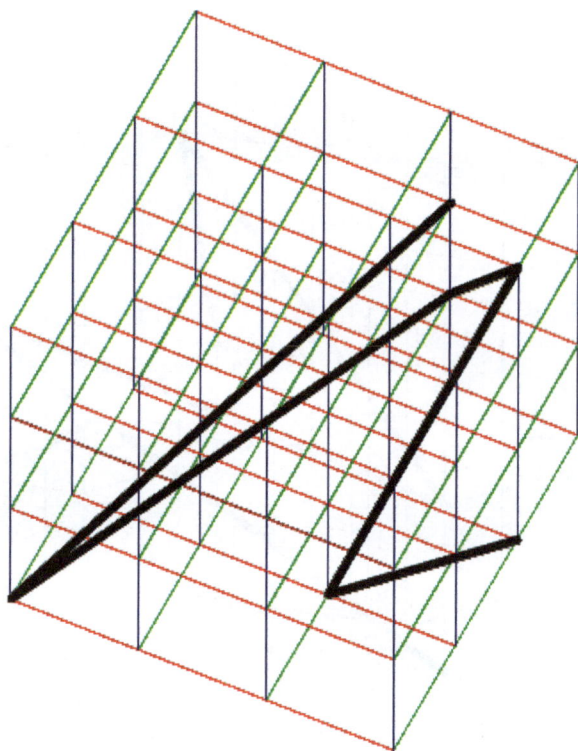

图　5-3-4

问题 5-3-5

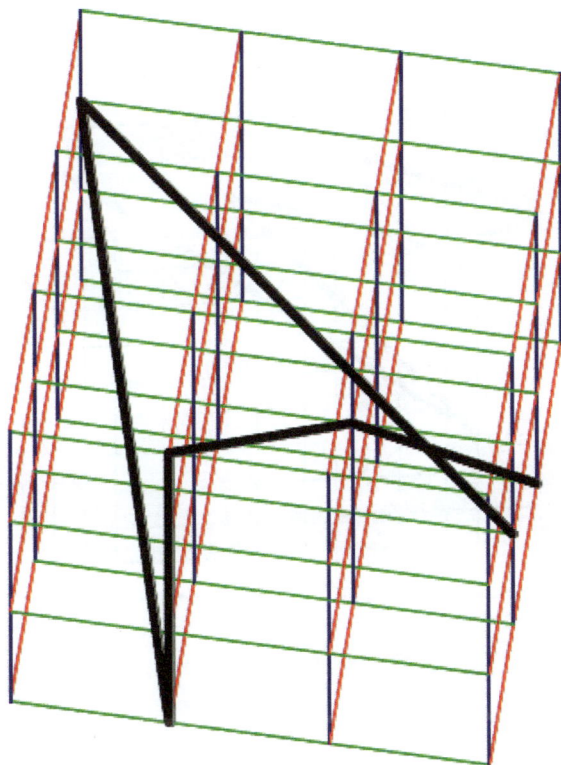

图　5-3-5

问题 5-3-6

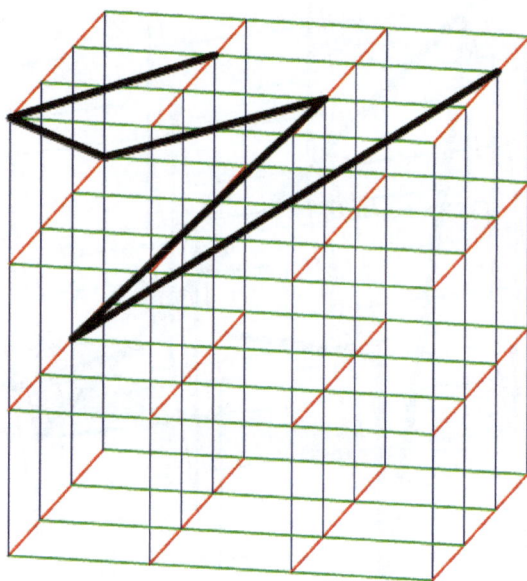

图　5-3-6

问题 5-3-7

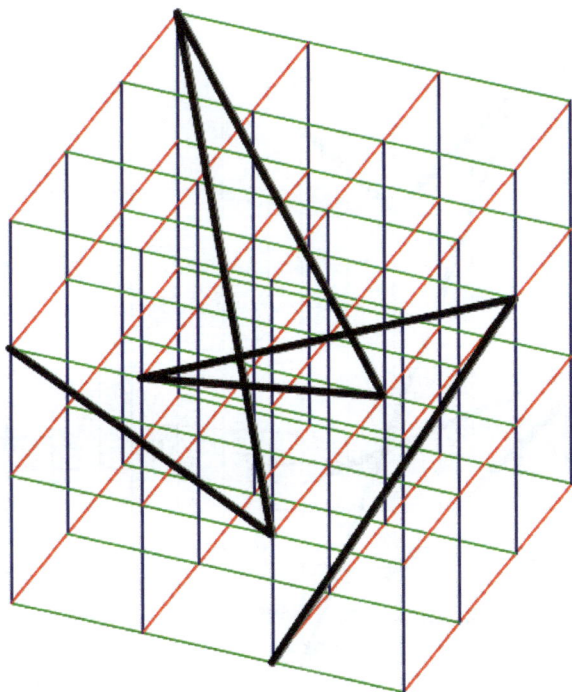

图 5-3-7

问题 5-3-8

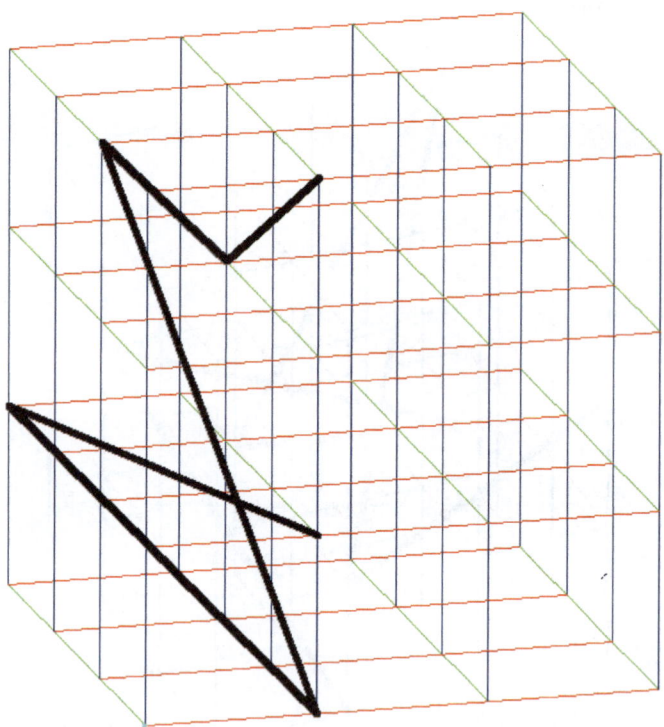

图　5-3-8

问题 5-3-9

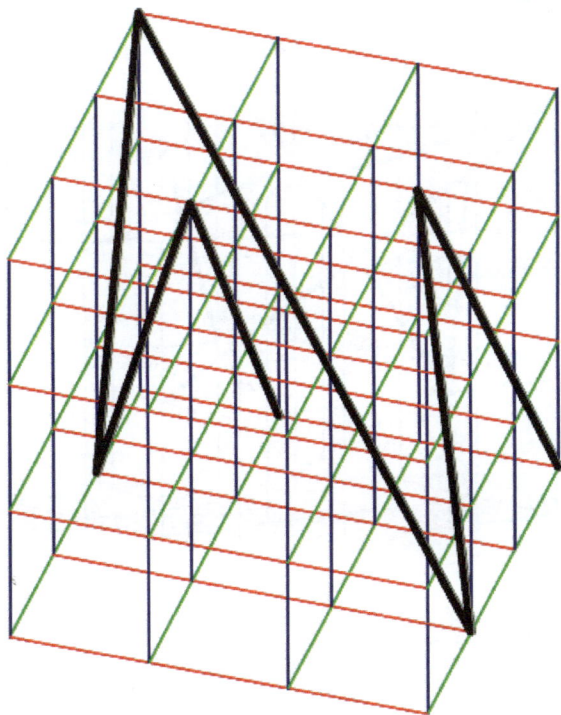

图　5-3-9

问题 **5-3-10**

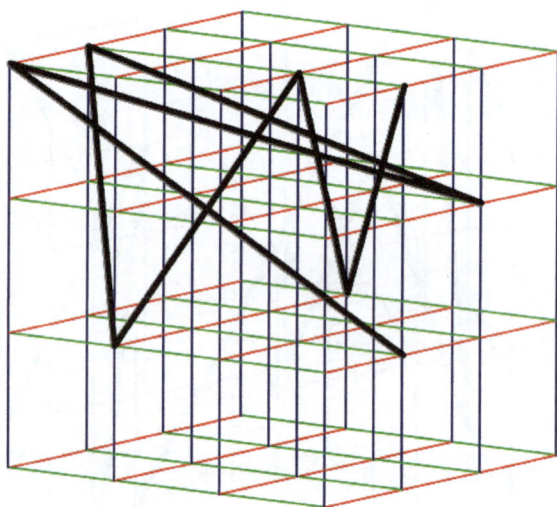

图　5-3-10

5.4 本章答案

本节给出第 5 章前面 3 节形独问题的答案,具体每个问题的答案见下面的对应图形.

问题 5-1-1

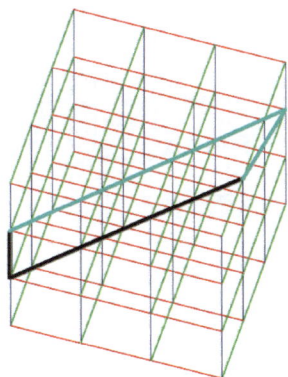

图　5-1-1-1

问题 5-1-2

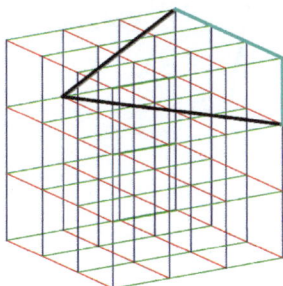

图　5-1-2-1

问题 5-1-3

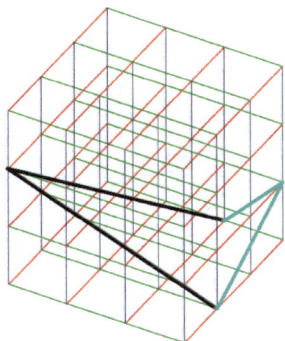

图　5-1-3-1

问题 5-1-4

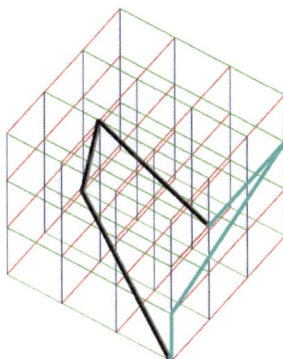

图　5-1-4-1

问题 5-1-5

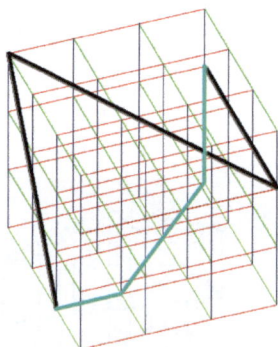

图 5-1-5-1

问题 5-2-1

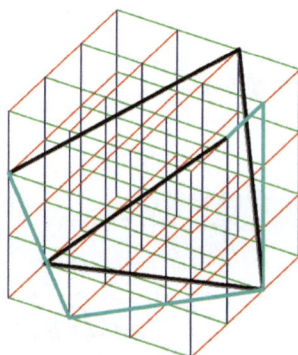

图 5-2-1-1

问题 5-2-2

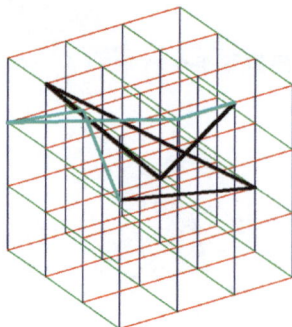

图 5-2-2-1

问题 5-2-3

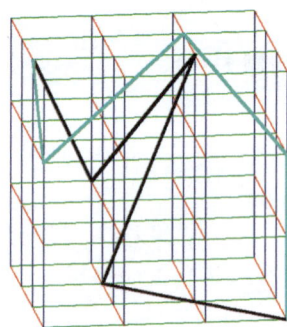

图 5-2-3-1

问题 5-2-4

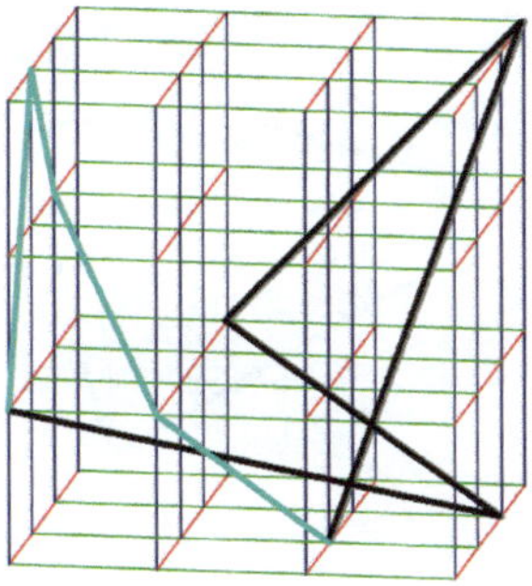

图　5-2-4-1

问题 5-2-5

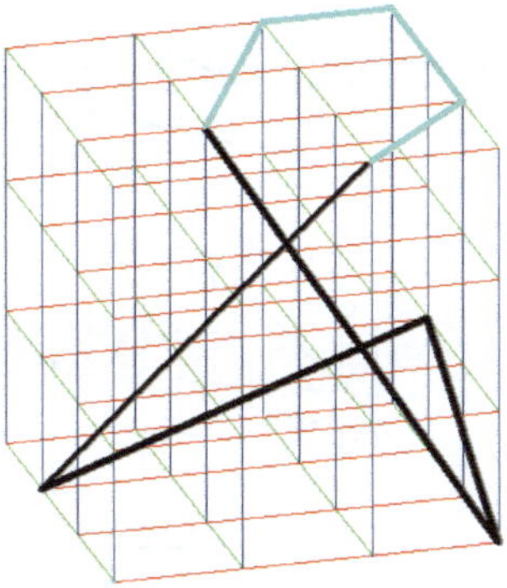

图　5-2-5-1

问题 5-2-6

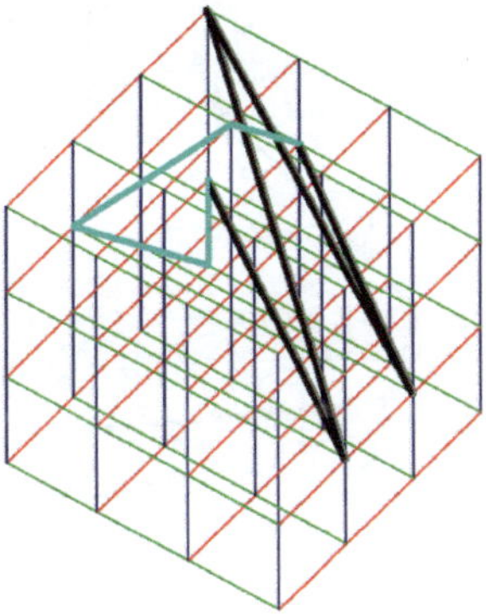

图　5-2-6-1

问题 5-2-7

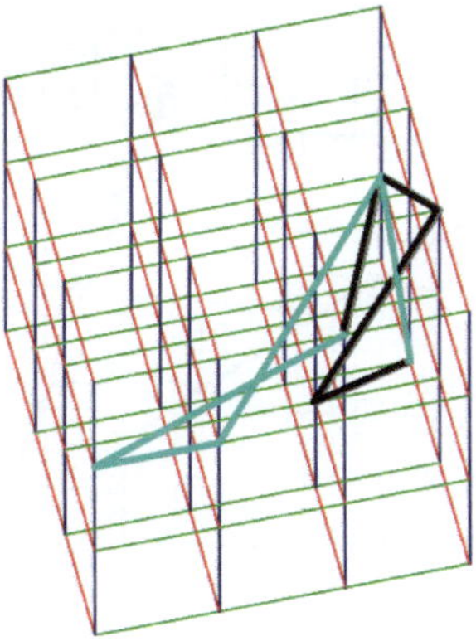

图　5-2-7-1

问题 5-2-8

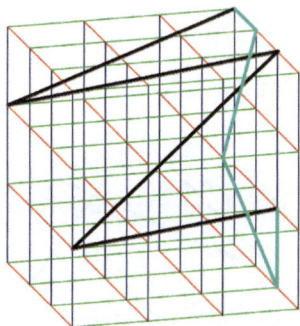

图　5-2-8-1

问题 5-2-9

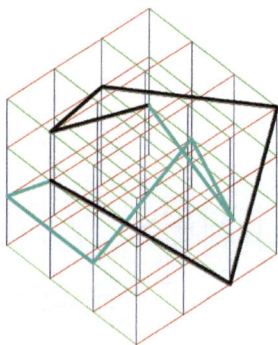

图　5-2-9-1

问题 5-2-10

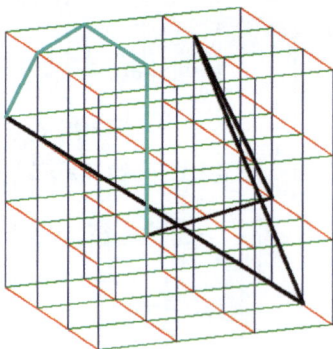

图　5-2-10-1

问题 5-2-11

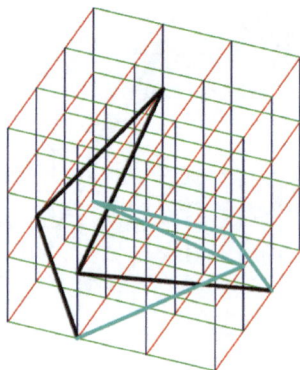

图　5-2-11-1

问题 5-2-12

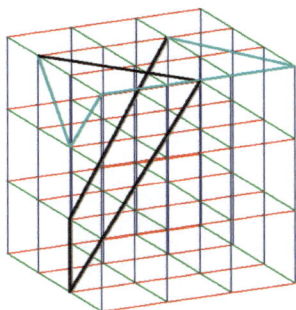

图　5-2-12-1

问题 5-2-13

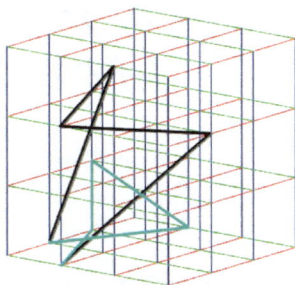

图　5-2-13-1

问题 5-2-14

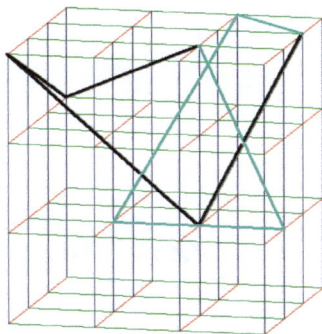

图　5-2-14-1

问题 5-2-15

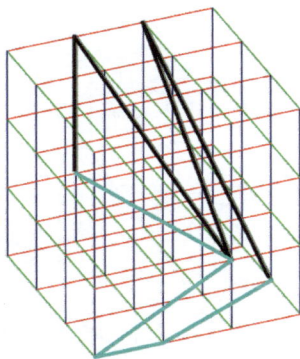

图　5-2-15-1

问题 5-3-1

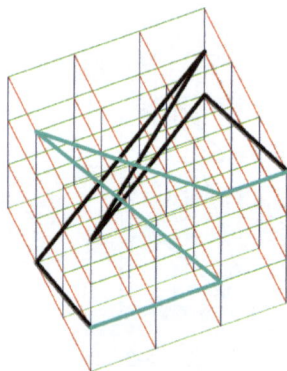

图　5-3-1-1

问题 5-3-2

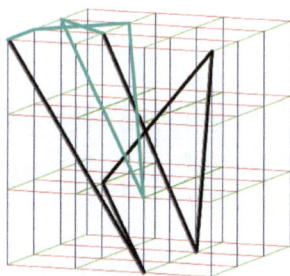

图　5-3-2-1

问题 5-3-3

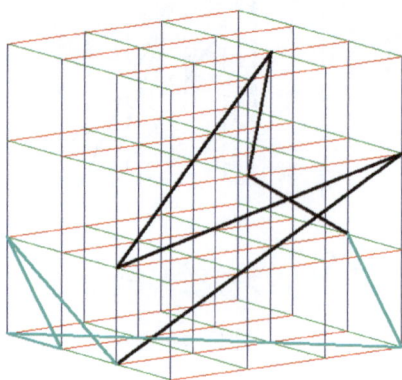

图　5-3-3-1

问题 5-3-4

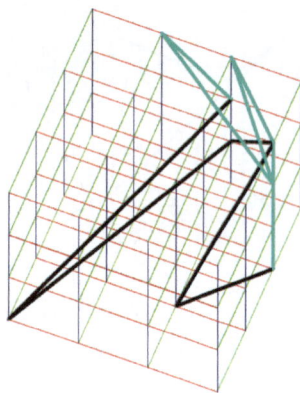

图　5-3-4-1

问题 5-3-5

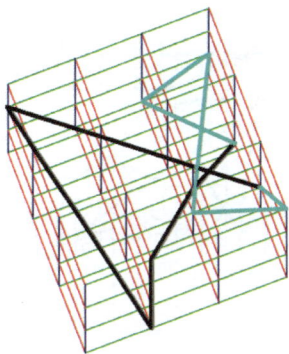

图　5-3-5-1

问题 5-3-6

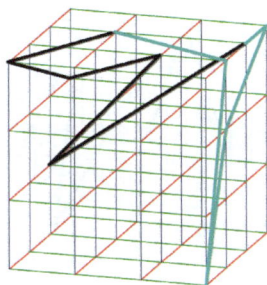

图　5-3-6-1

问题 5-3-7

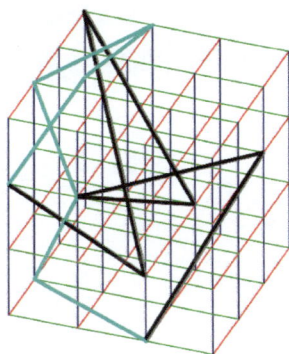

图　5-3-7-1

问题 5-3-8

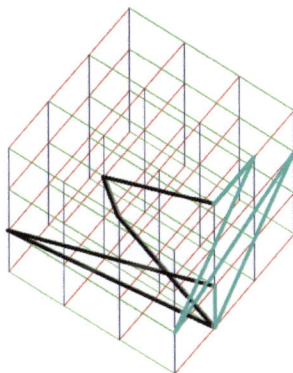

图　5-3-8-1

问题 5-3-9

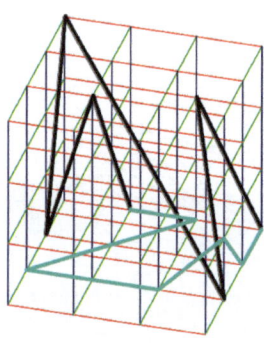

图 5-3-9-1

问题 5-3-10

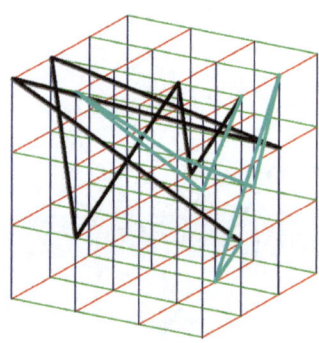

图 5-3-10-1

第 6 章　多解 CG

6.1　两解 CG

问题 6-1-1

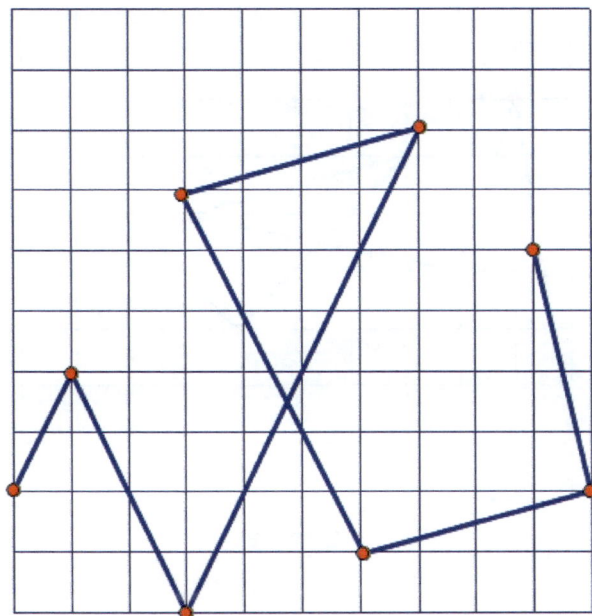

图　6-1-1

问题 6-1-2

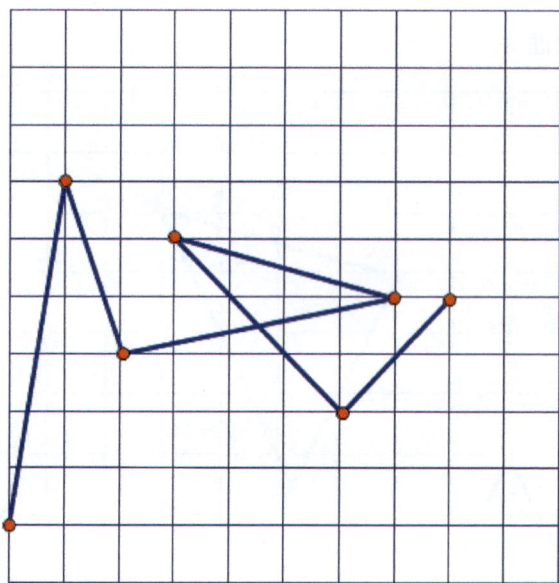

图 6-1-2

问题 **6-1-3**

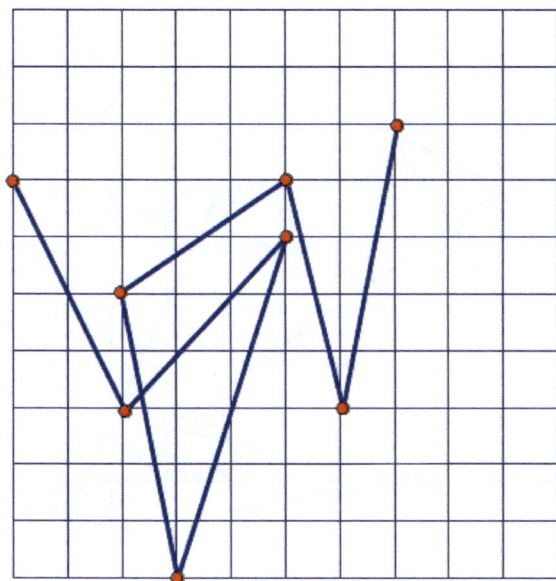

图　6-1-3

问题 6-1-4

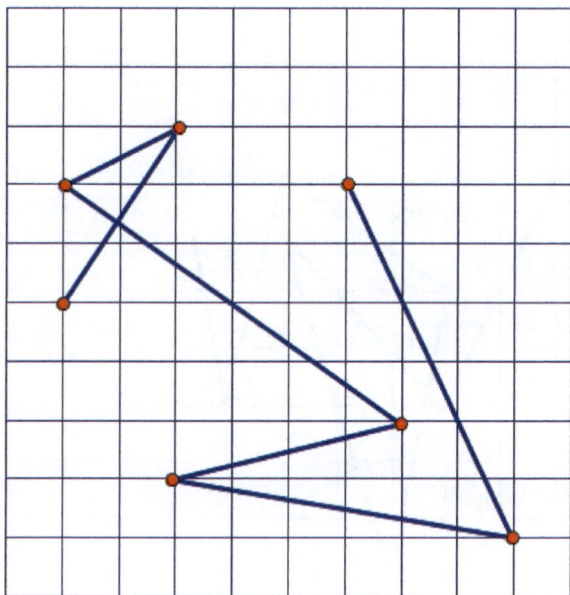

图　6-1-4

问题 6-1-5

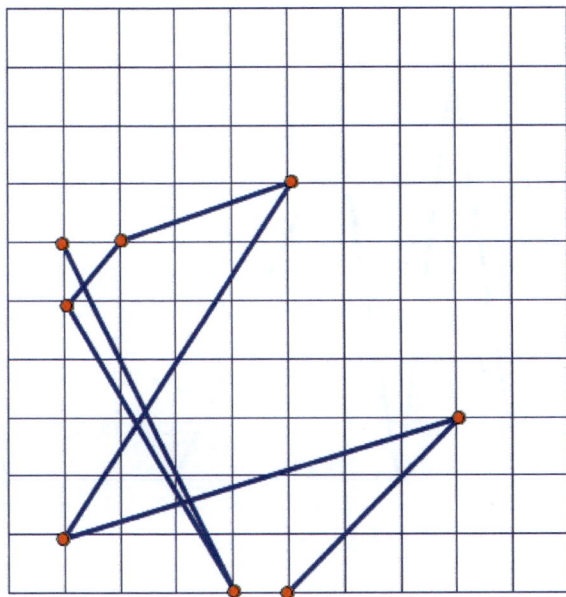

图　6-1-5

问题 6-1-6

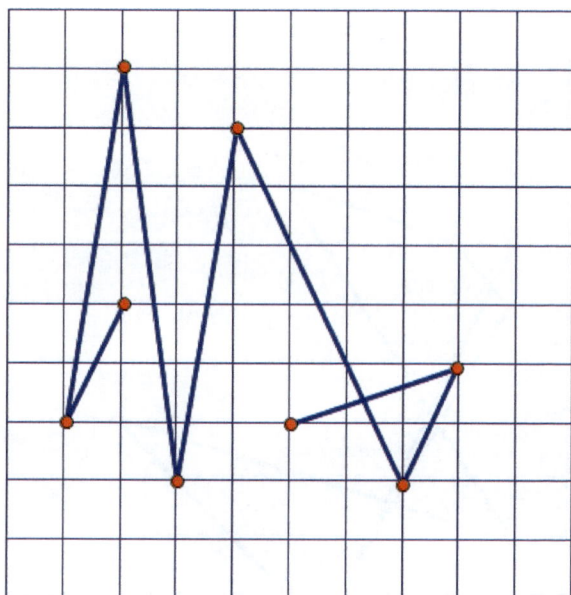

图　6-1-6

问题 6-1-7

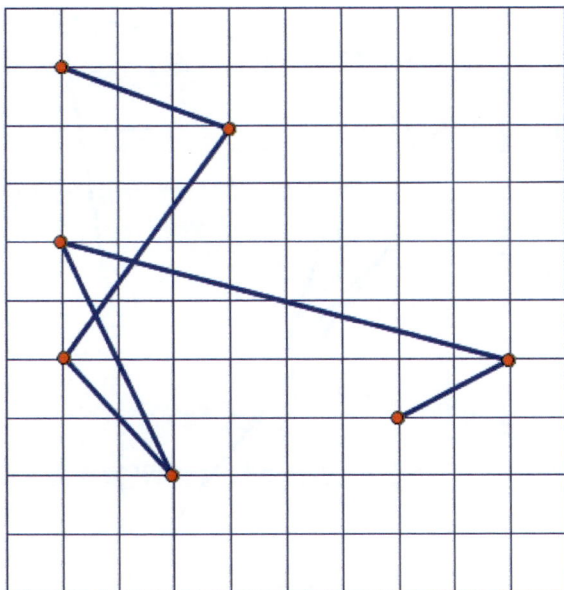

图　6-1-7

问题 **6-1-8**

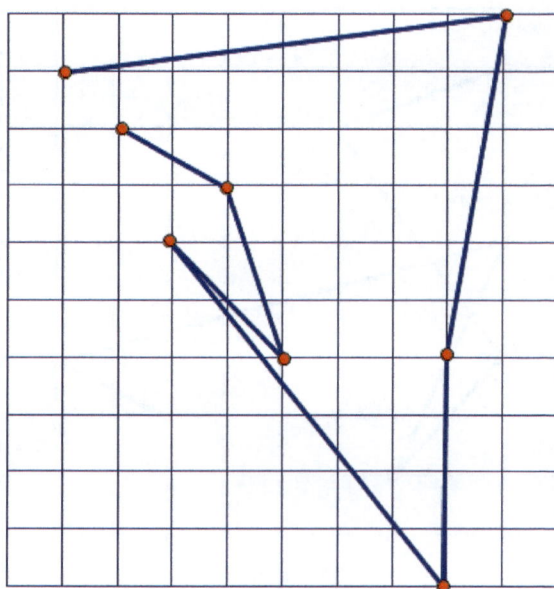

图　6-1-8

问题 **6-1-9**

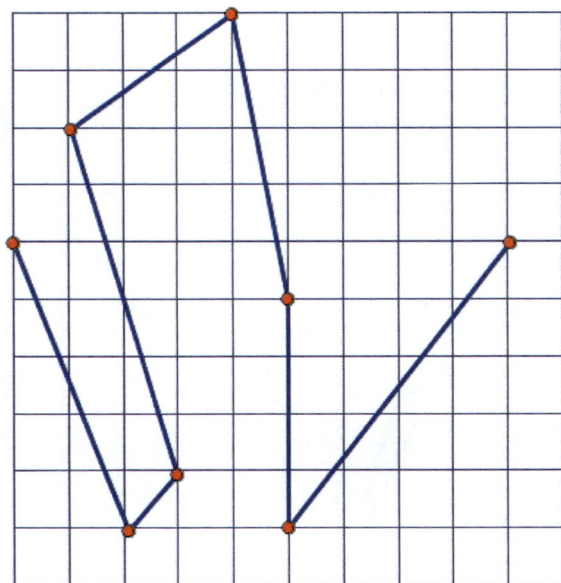

图　6-1-9

问题 6-1-10

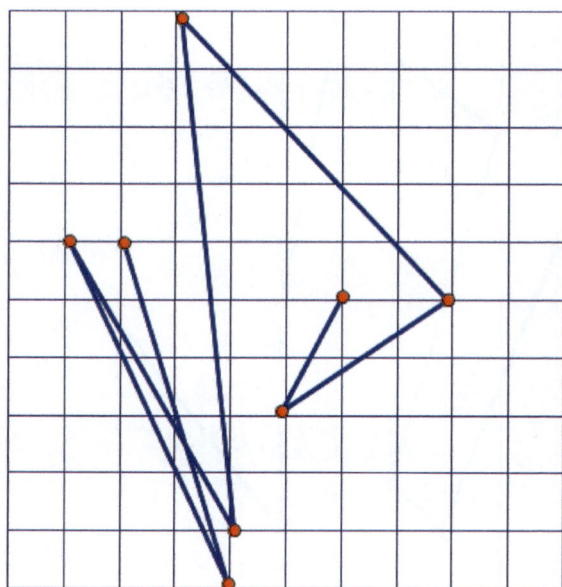

图　6-1-10

问题 6-1-11

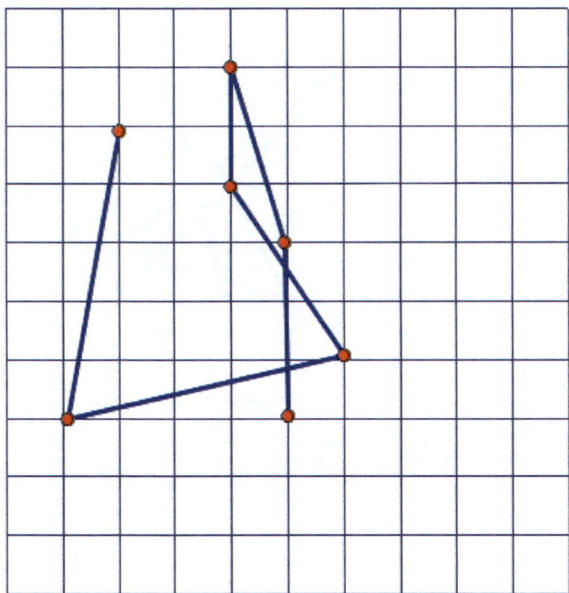

图　6-1-11

问题 **6-1-12**

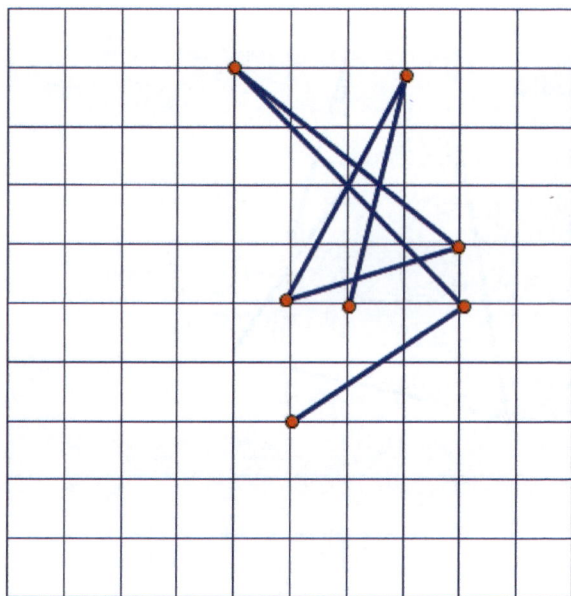

图 6-1-12

问题 **6-1-13**

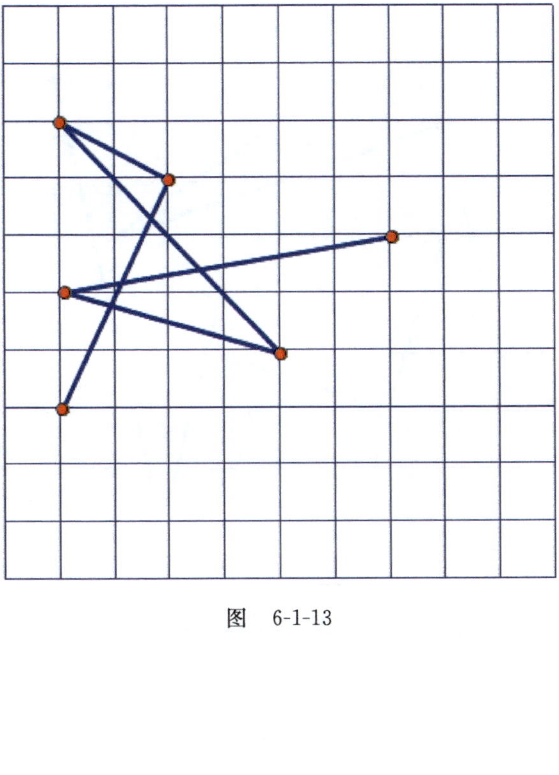

图 6-1-13

问题 6-1-14

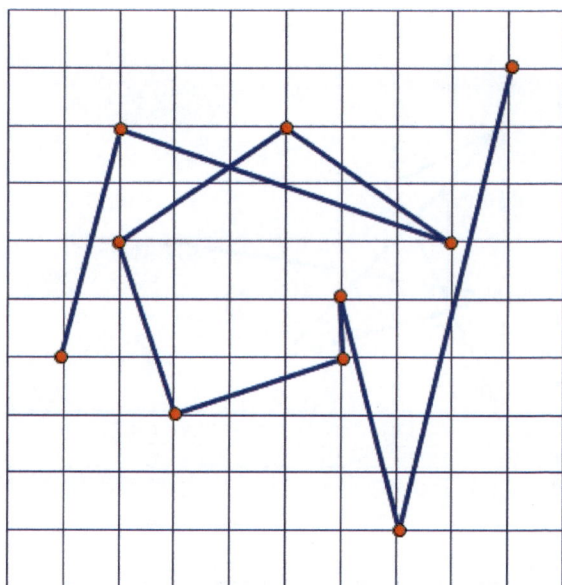

图 6-1-14

问题 **6-1-15**

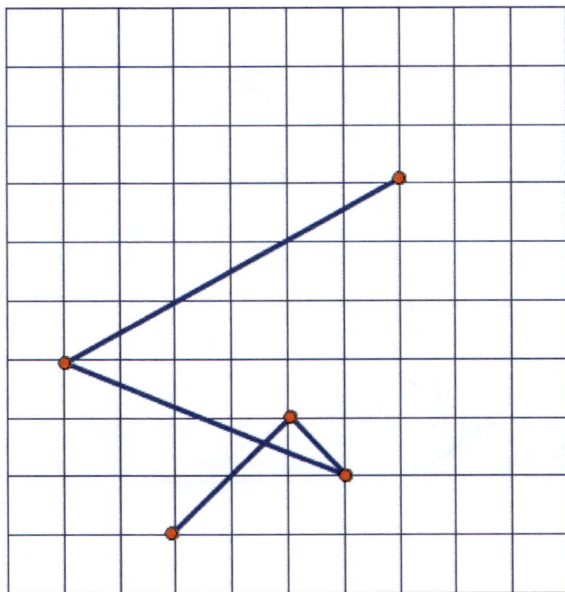

图　6-1-15

问题 6-1-16

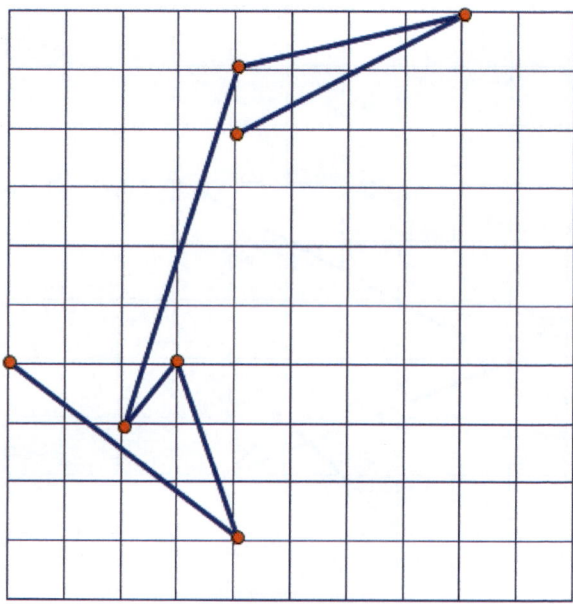

图　6-1-16

问题 6-1-17

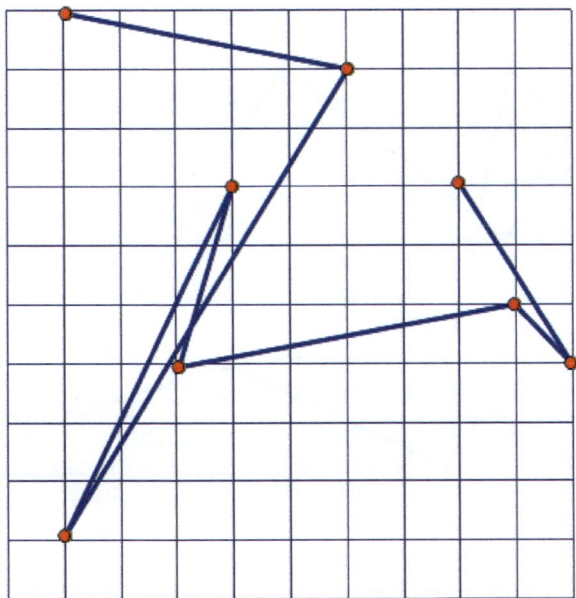

图　6-1-17

问题 6-1-18

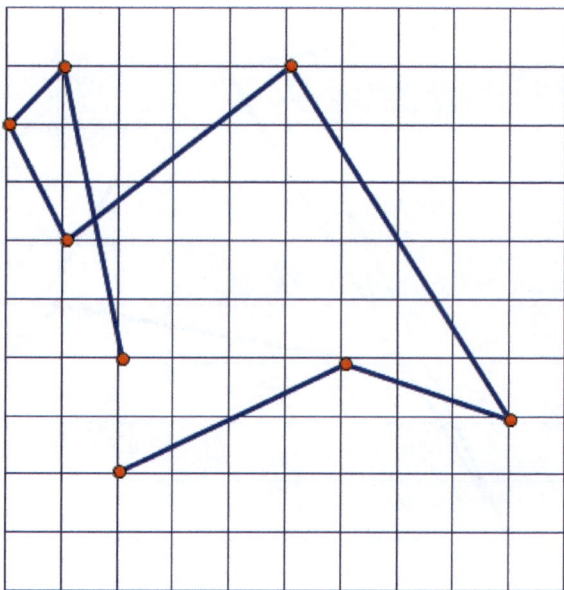

图　6-1-18

问题 **6-1-19**

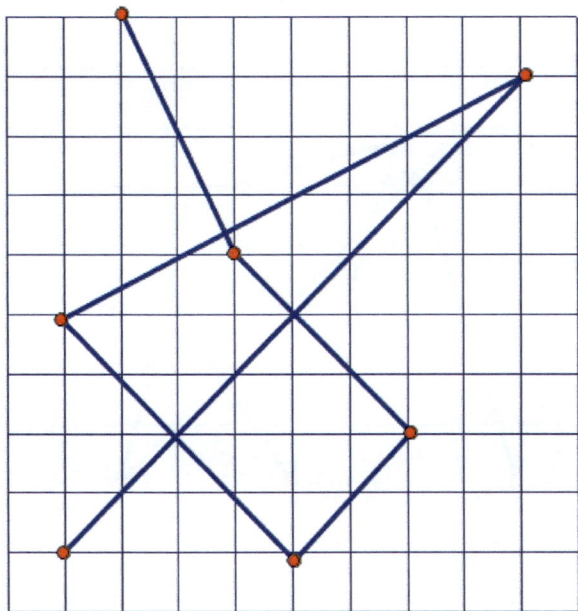

图　6-1-19

问题 6-1-20

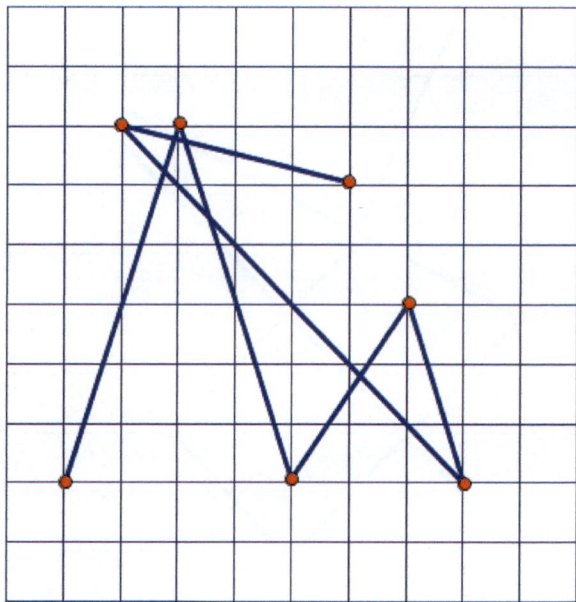

图 6-1-20

问题 **6-1-21**

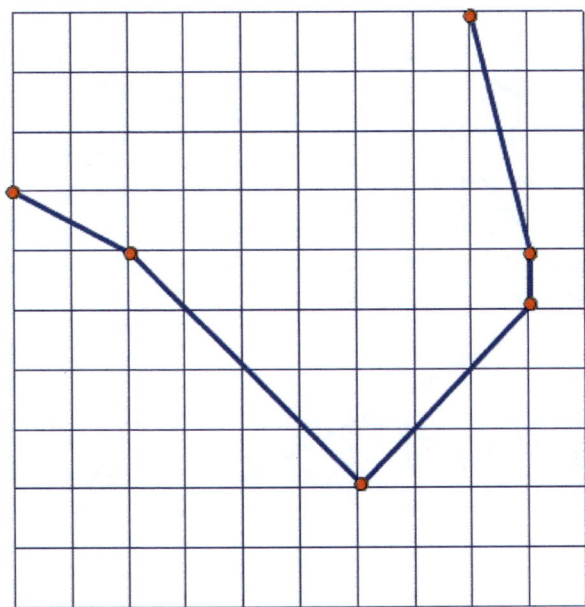

图 6-1-21

问题 6-1-22

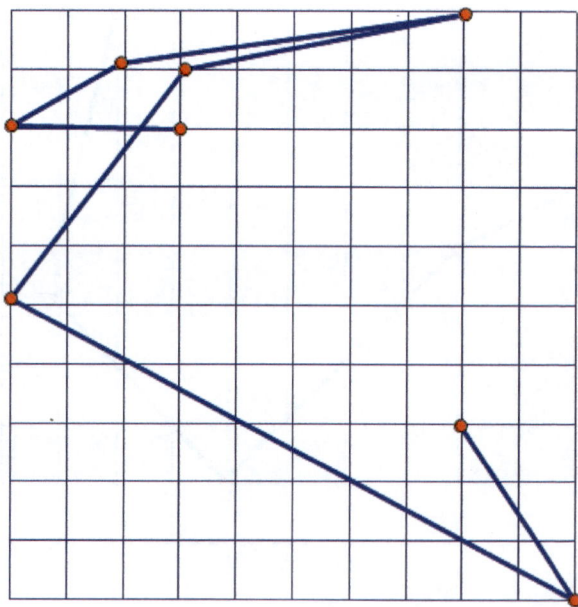

图　6-1-22

问题 **6-1-23**

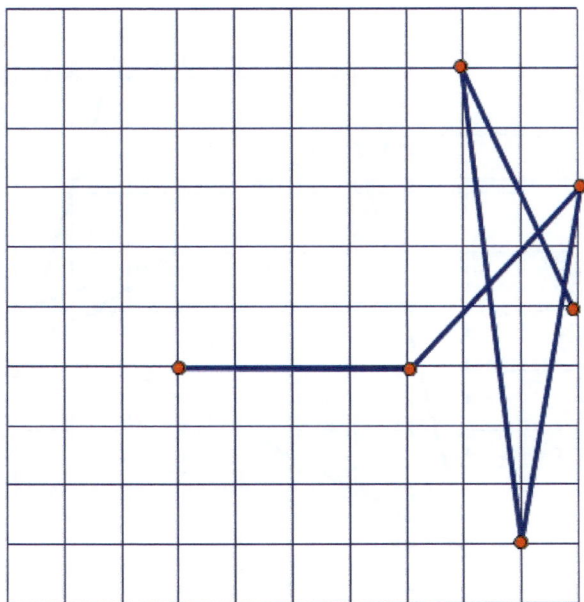

图 6-1-23

问题 6-1-24

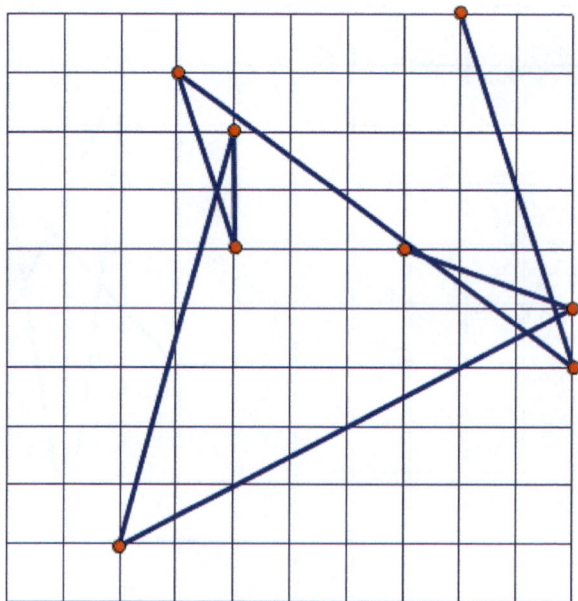

图　6-1-24

问题 6-1-25

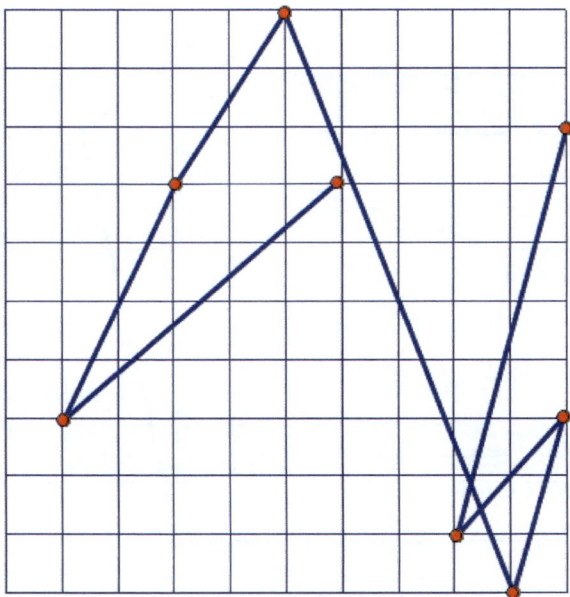

图　6-1-25

问题 6-1-26

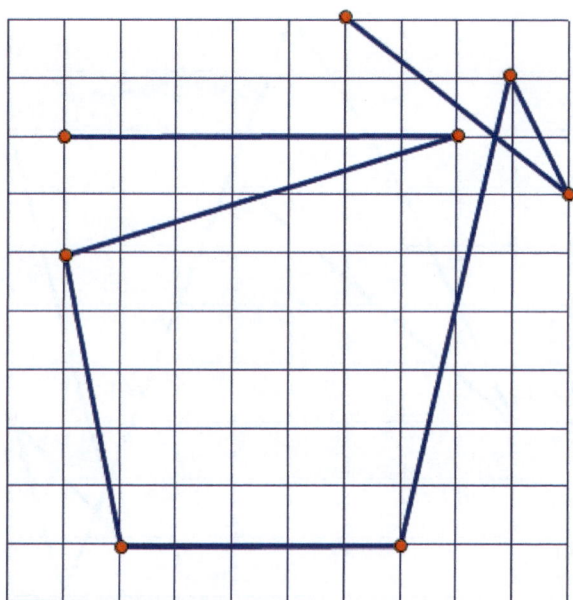

图　6-1-26

问题 6-1-27

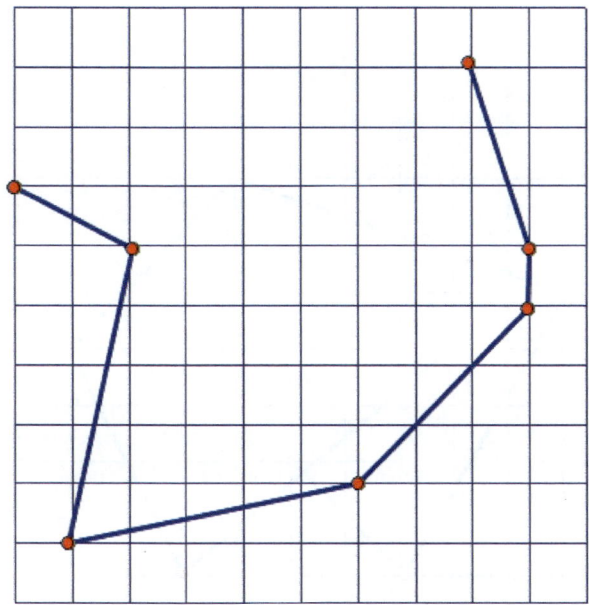

图　6-1-27

问题 6-1-28

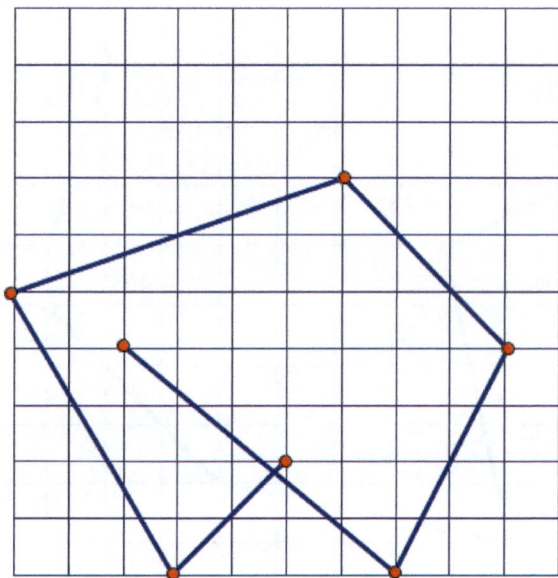

图　6-1-28

问题 **6-1-29**

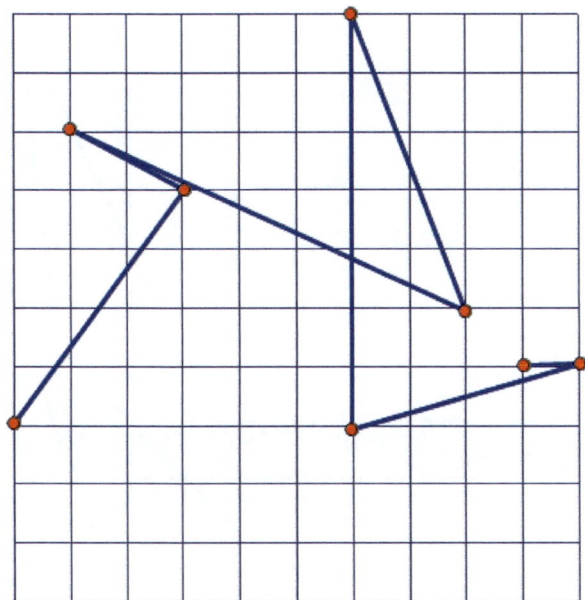

图　6-1-29

问题 6-1-30

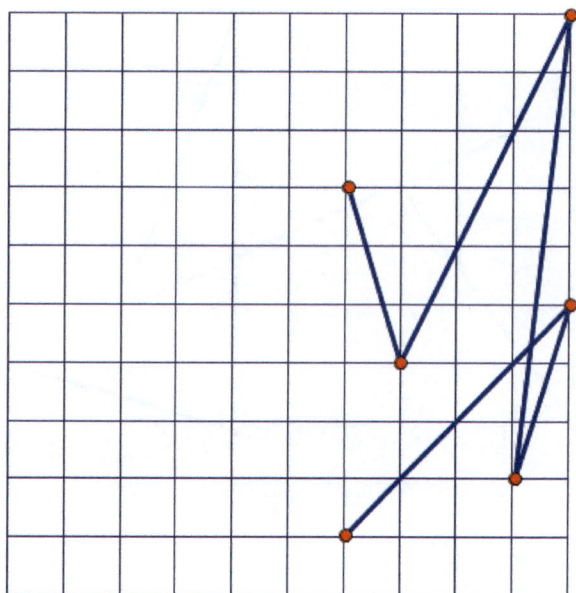

图　6-1-30

6.2 三解及三解以上 CG

问题 6-2-1

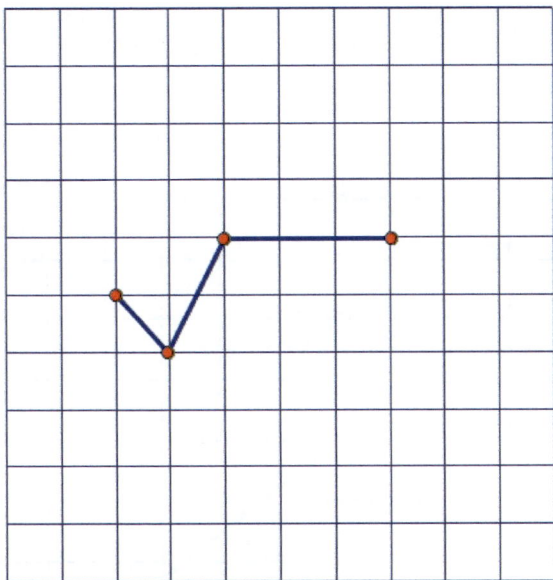

图 6-2-1

问题 **6-2-2**

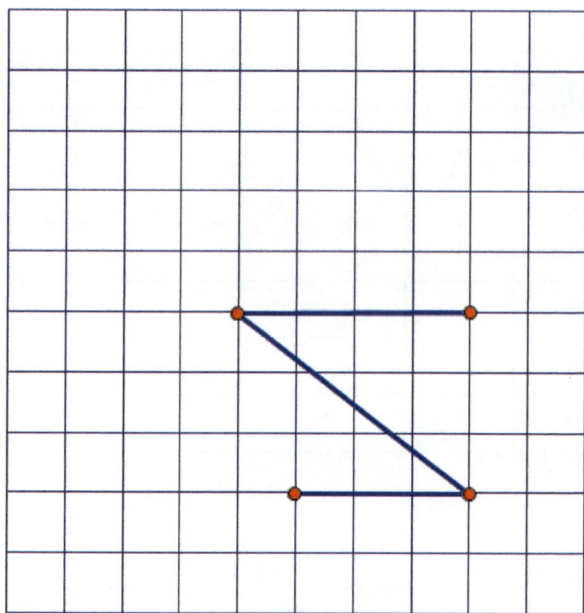

图 6-2-2

问题 6-2-3

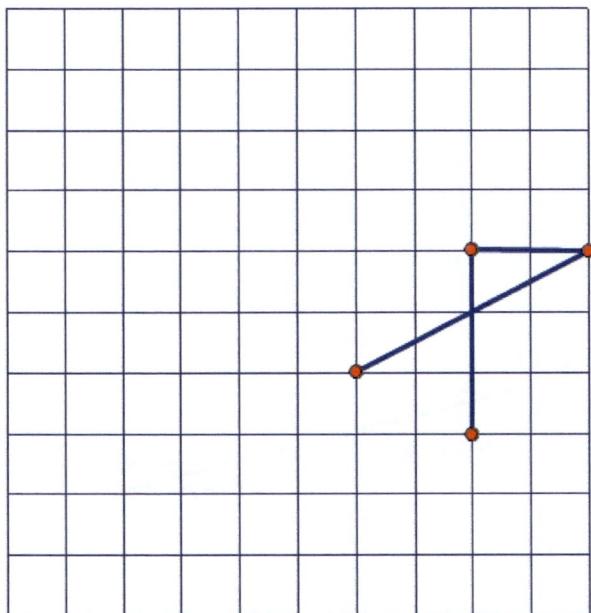

图　6-2-3

问题 **6-2-4**

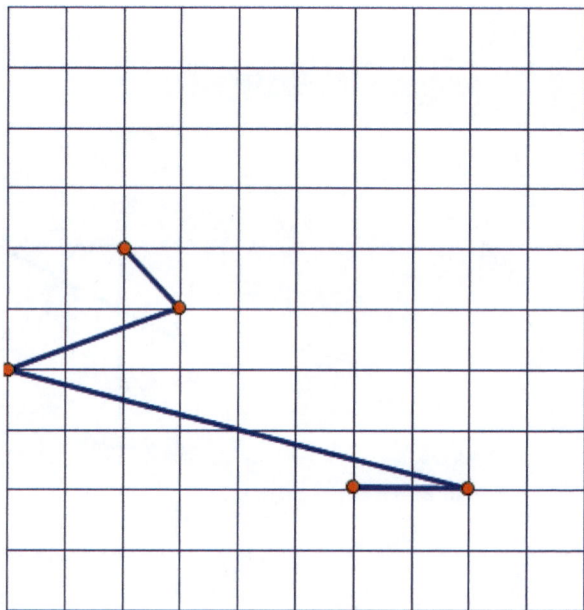

图　6-2-4

问题 **6-2-5**

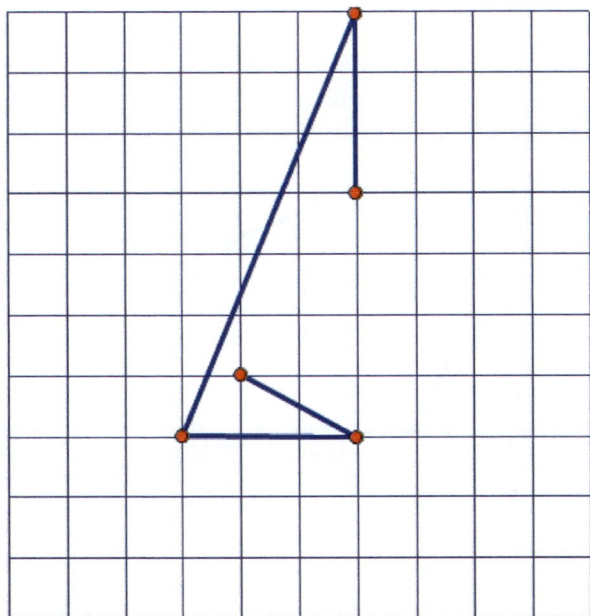

图 6-2-5

问题 **6-2-6**

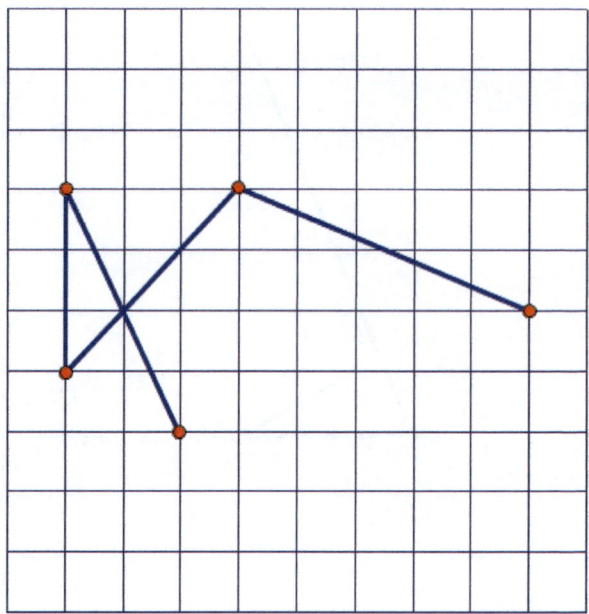

图　6-2-6

probl题 **6-2-7**

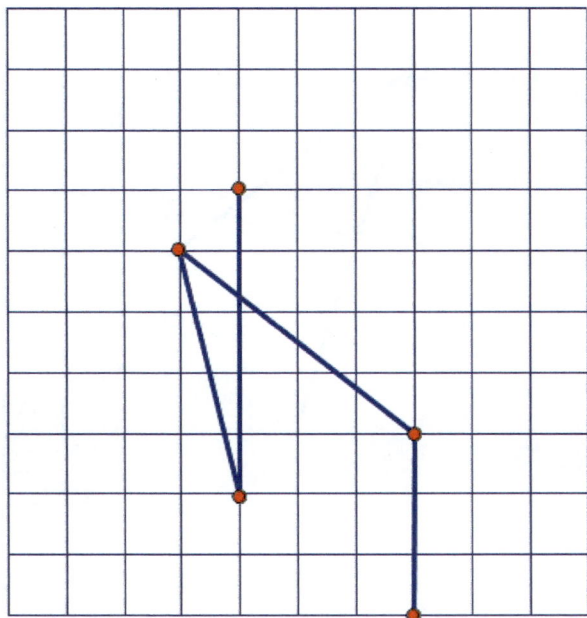

图　6-2-7

问题 6-2-8

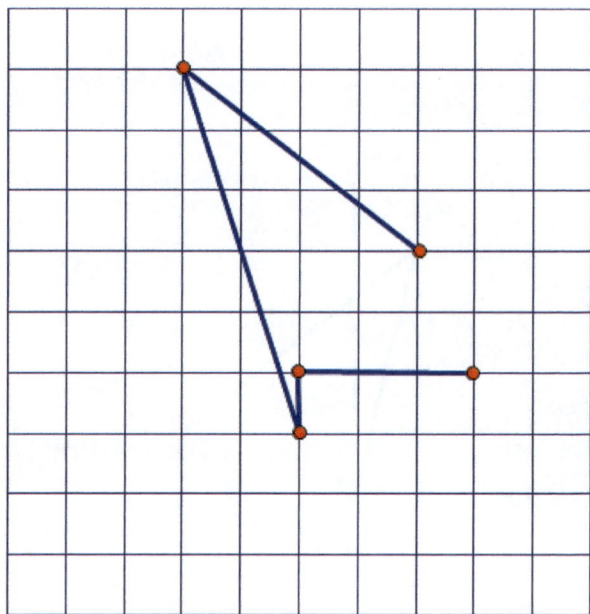

图 6-2-8

问题 6-2-9

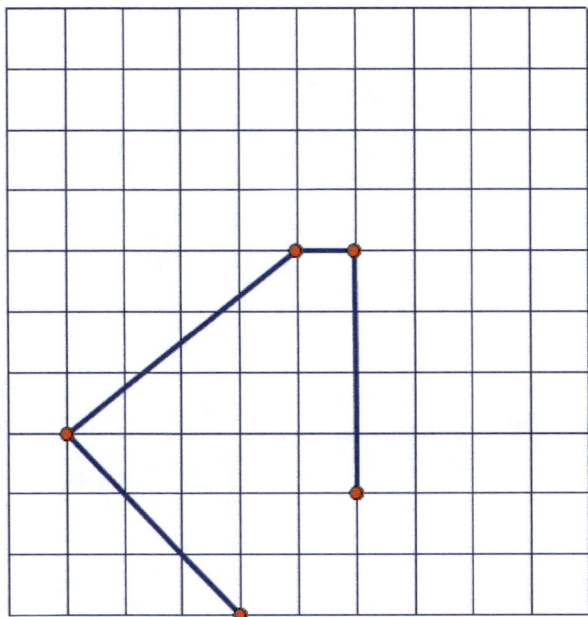

图　6-2-9

问题 **6-2-10**

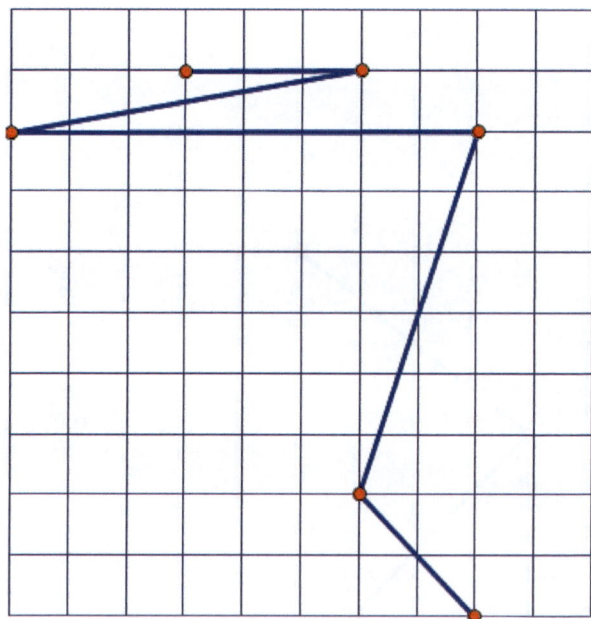

图　6-2-10

问题 **6-2-11**

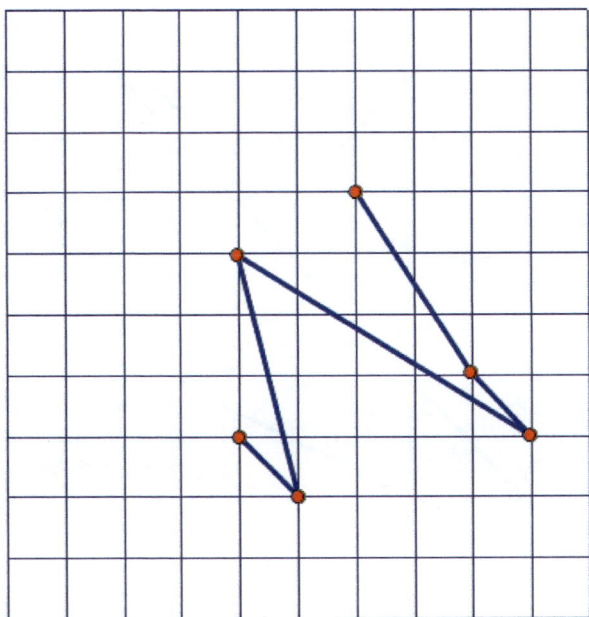

图　6-2-11

问题 6-2-12

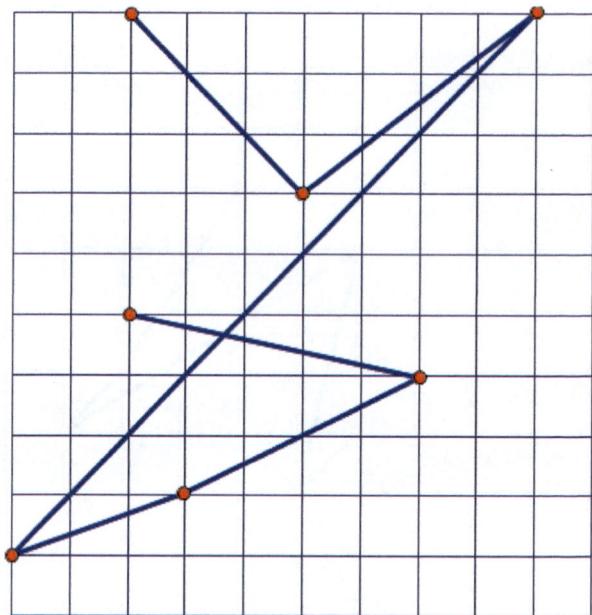

图　6-2-12

问题 **6-2-13**

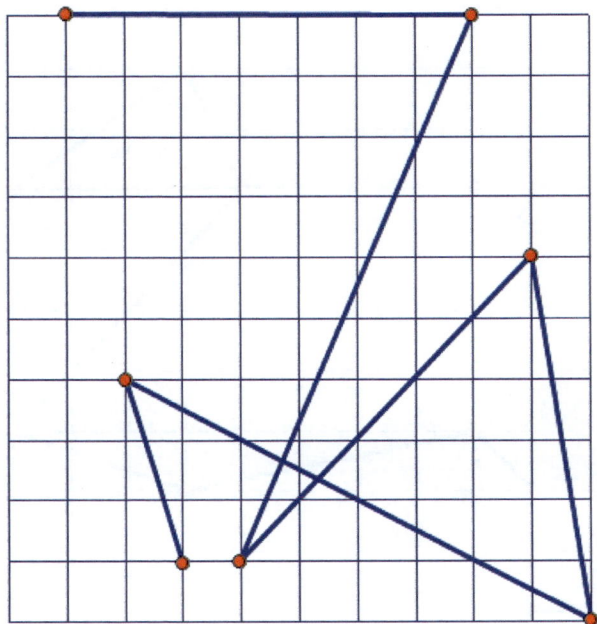

图　6-2-13

问题 6-2-14

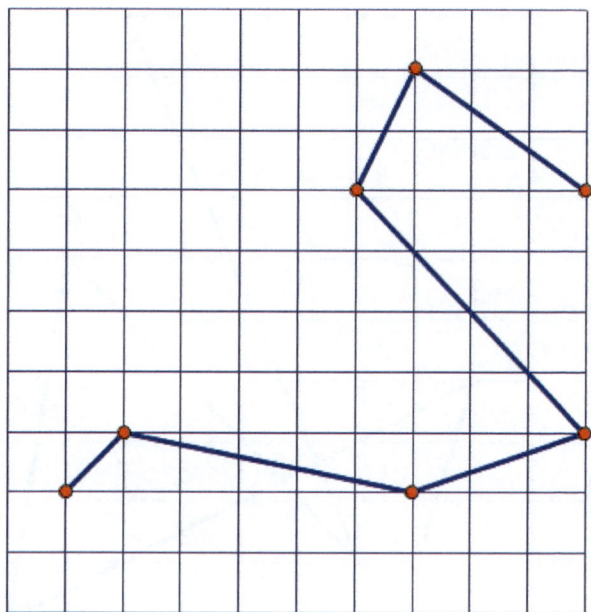

图　6-2-14

问题 6-2-15

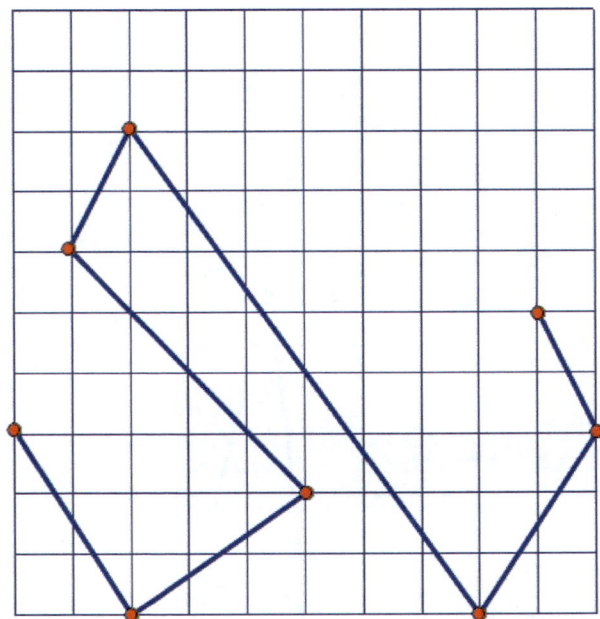

图　6-2-15

问题 6-2-16

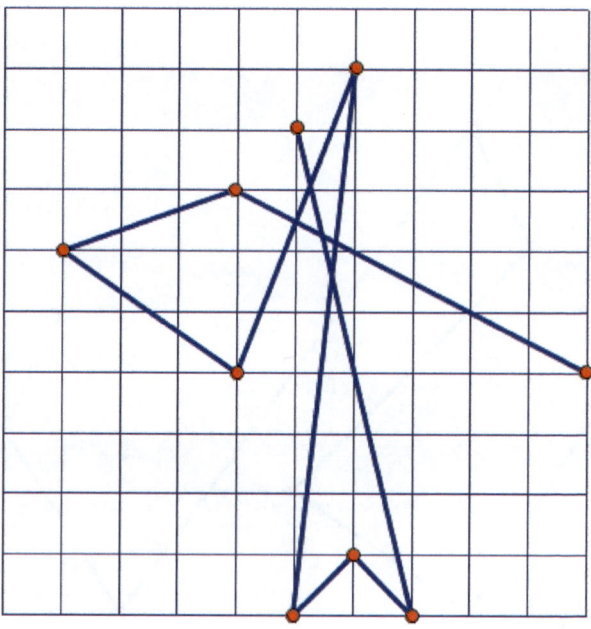

图　6-2-16

问题 6-2-17

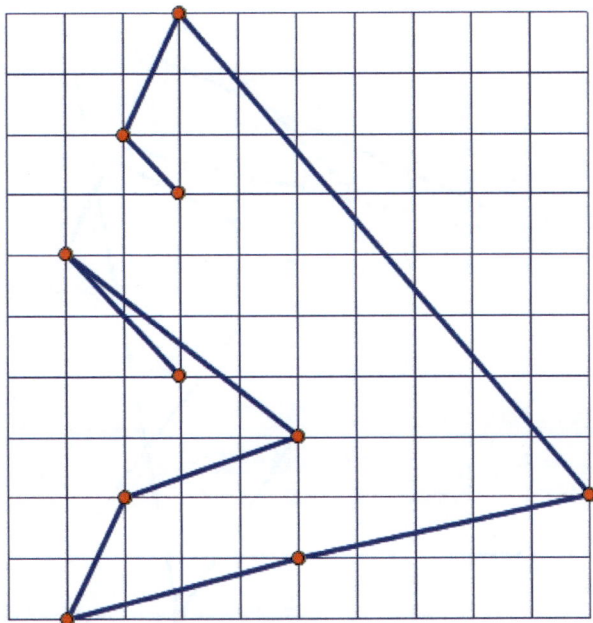

图　6-2-17

問題 **6-2-18**

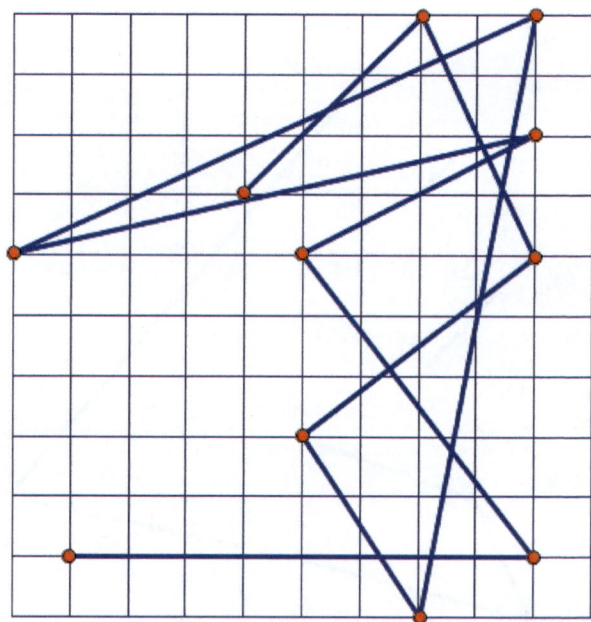

图　6-2-18

问题 6-2-19

图 · 6-2-19

问题 **6-2-20**

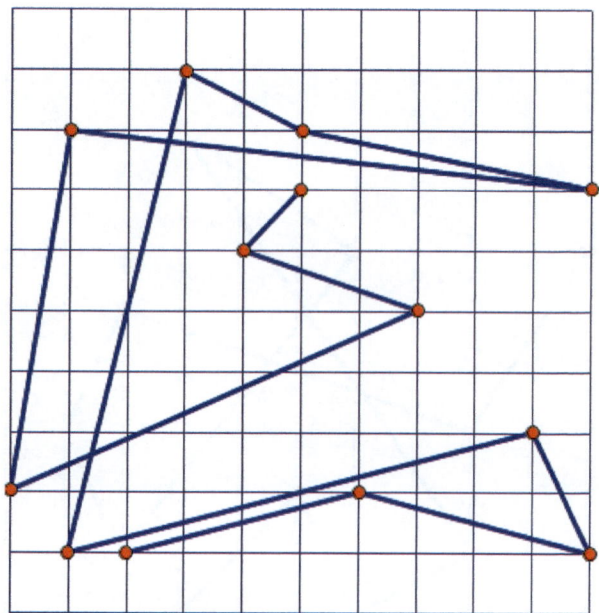

图 6-2-20

問題 **6-2-21**

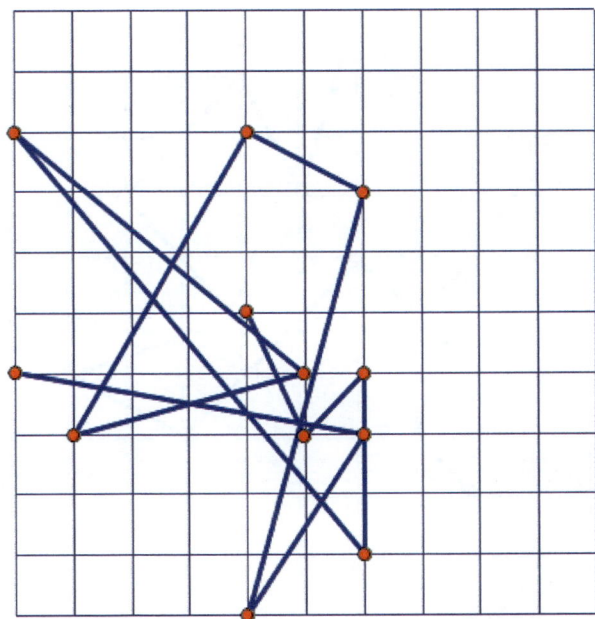

图　6-2-21

问题 **6-2-22**

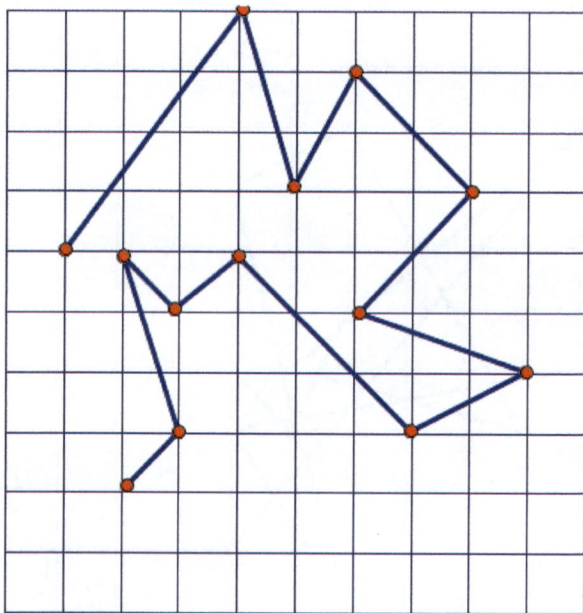

图　6-2-22

问题 **6-2-23**

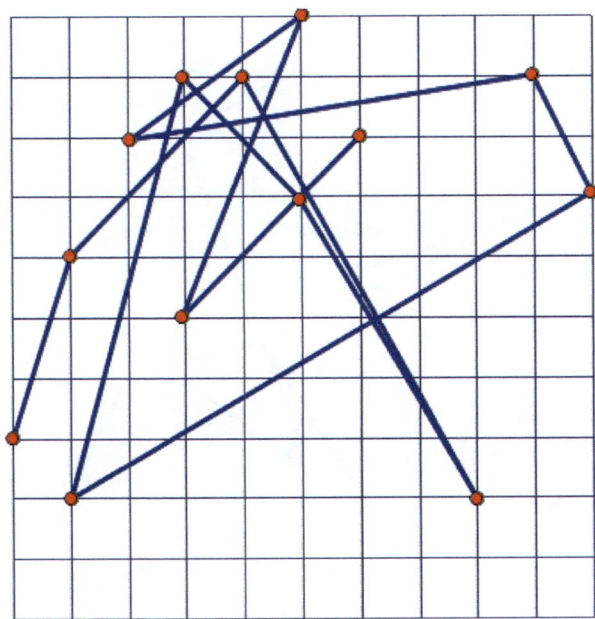

图 6-2-23

问题 **6-2-24**

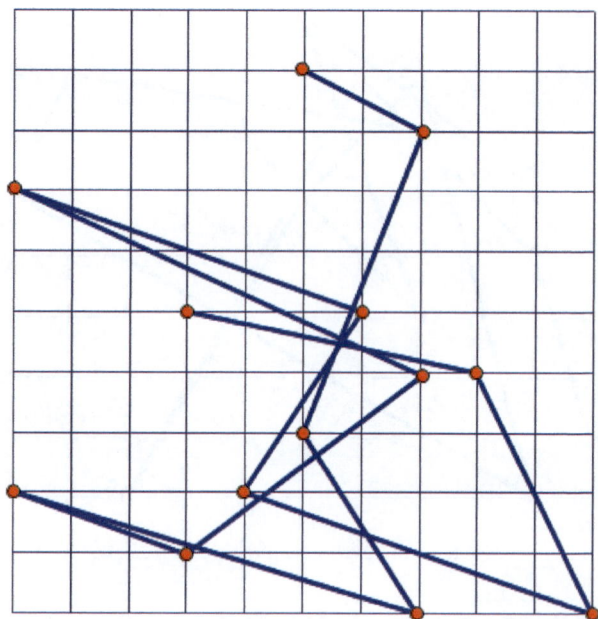

图　6-2-24

6.3 本章答案

本节给出第 6 章前面 2 节形独问题的答案,具体每个问题的答案见下面的对应图形.

问题 6-1-1

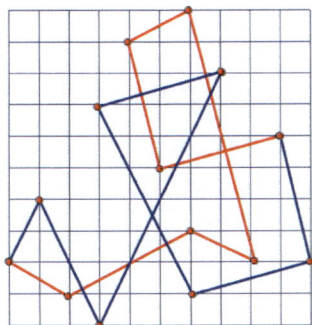

图 6-1-1-1

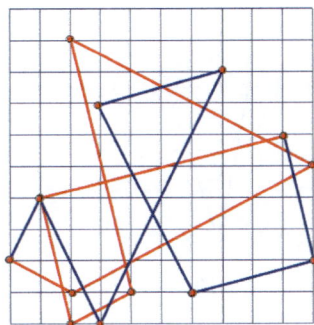

图 6-1-1-2

问题 6-1-2

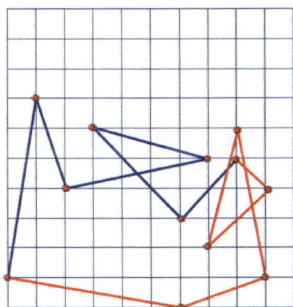

图 6-1-2-1

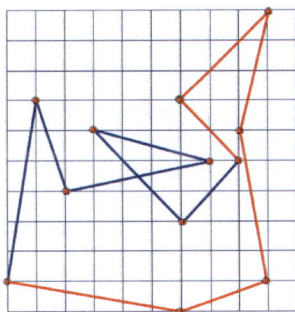

图 6-1-2-2

问题 6-1-3

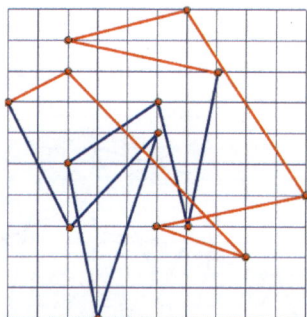

图 6-1-3-1

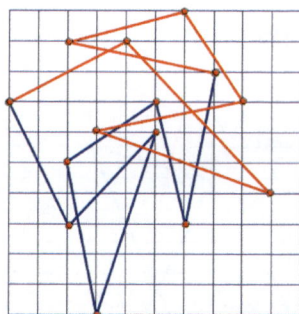

图 6-1-3-2

问题 6-1-4

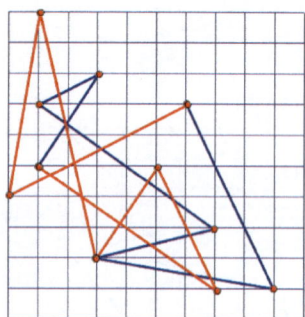

图 6-1-4-1

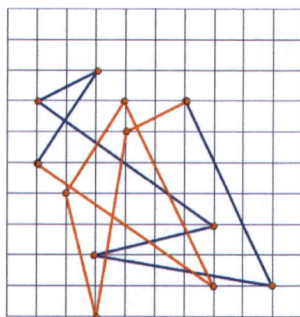

图 6-1-4-2

问题 6-1-5

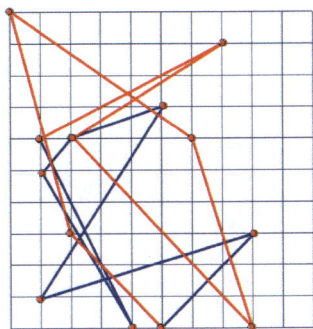

图 6-1-5-1

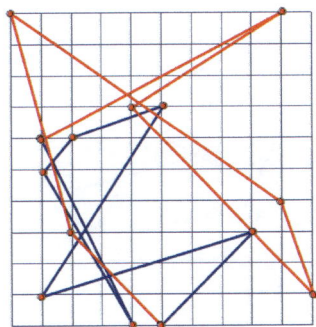

图 6-1-5-2

问题 6-1-6

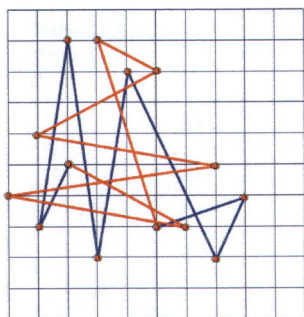

图 6-1-6-1

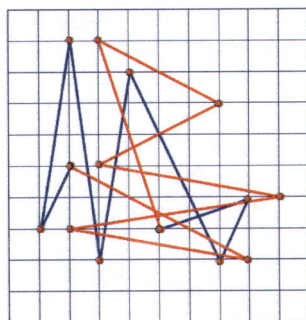

图 6-1-6-2

问题 6-1-7

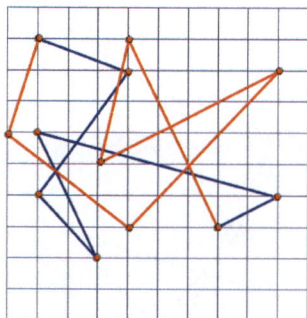

图 6-1-7-1

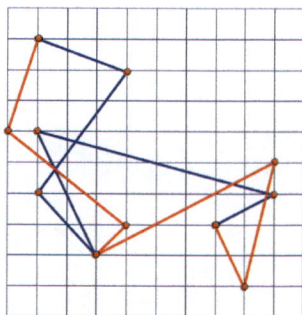

图 6-1-7-2

问题 6-1-8

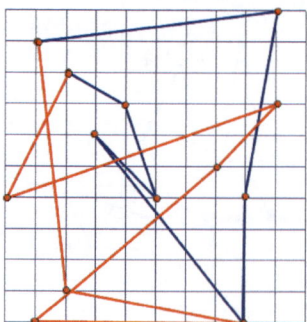

图 6-1-8-1

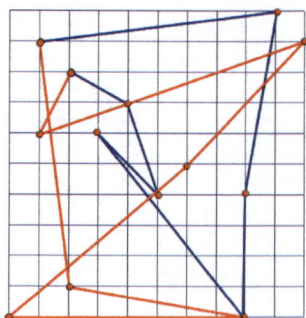

图 6-1-8-2

问题 6-1-9

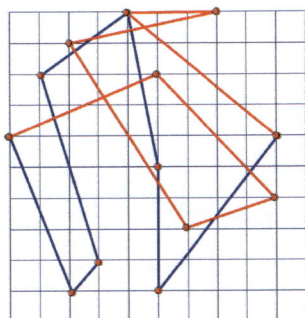

图 6-1-9-1

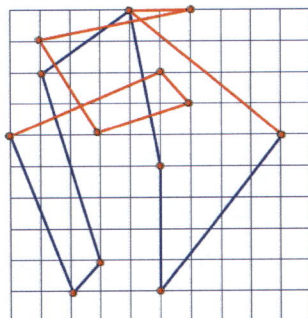

图 6-1-9-2

问题 6-1-10

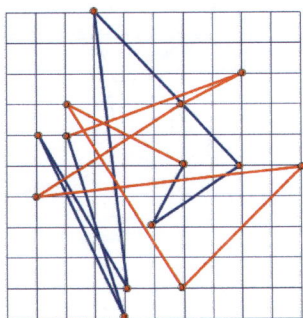

图 6-1-10-1

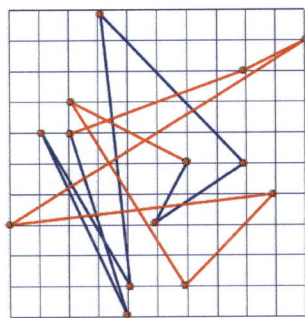

图 6-1-10-2

问题 6-1-11

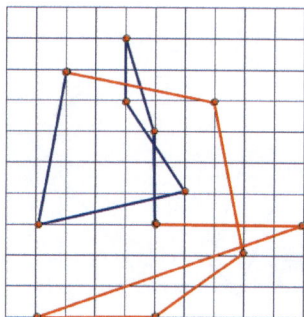

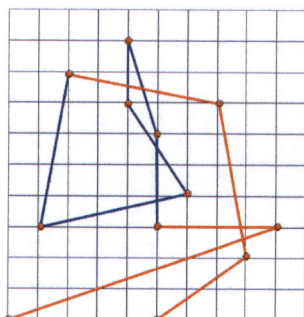

图　6-1-11-1　　　　　　　　　　　图　6-1-11-2

问题 6-1-12

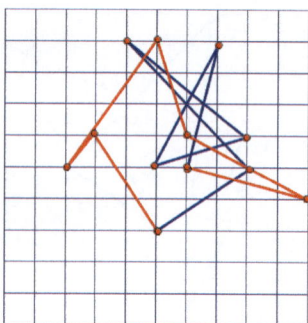

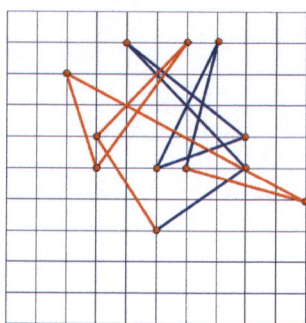

图　6-1-12-1　　　　　　　　　　　图　6-1-12-2

问题 **6-1-13**

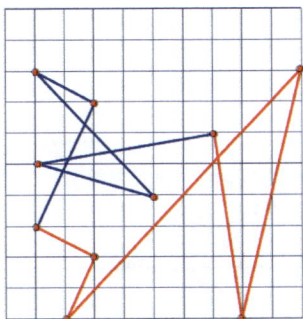

图 6-1-13-1

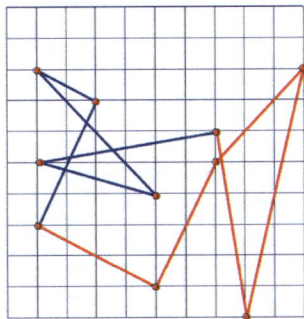

图 6-1-13-2

问题 **6-1-14**

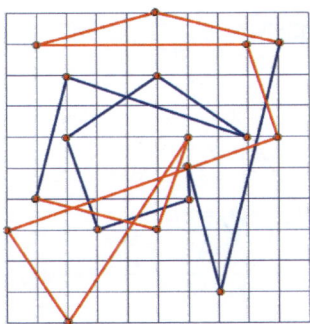

图 6-1-14-1

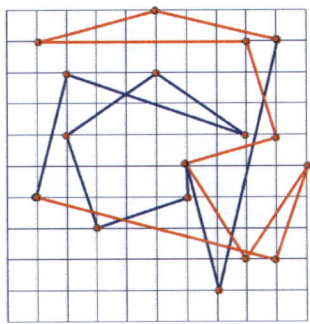

图 6-1-14-2

问题 6-1-15

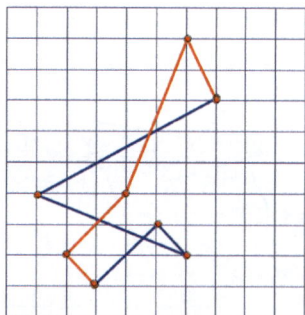

图 6-1-15-1

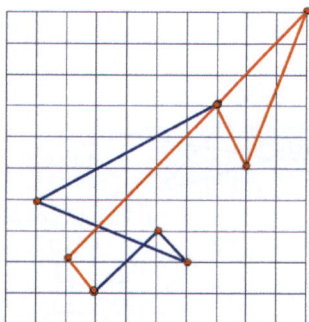

图 6-1-15-2

问题 6-1-16

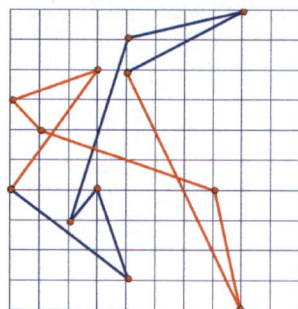

图 6-1-16-1

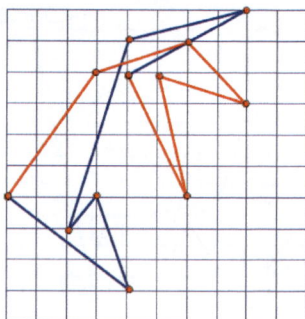

图 6-1-16-2

问题 6-1-17

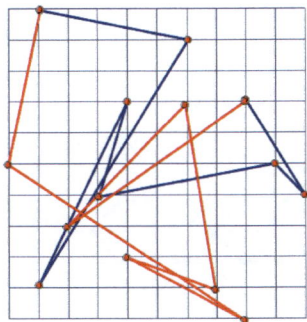

图　6-1-17-1

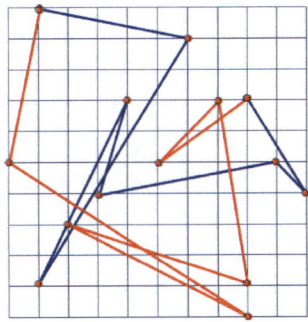

图　6-1-17-2

问题 6-1-18

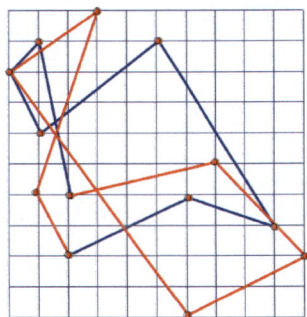

图　6-1-18-1

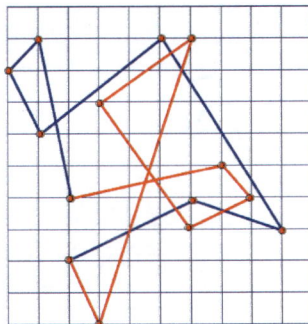

图　6-1-18-2

问题 6-1-19

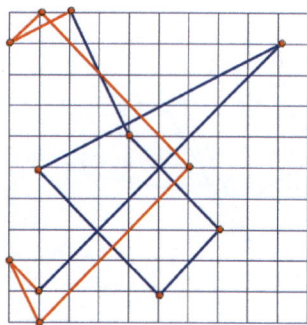

图　6-1-19-1

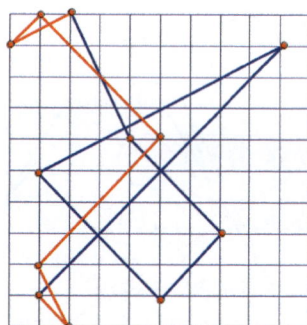

图　6-1-19-2

问题 6-1-20

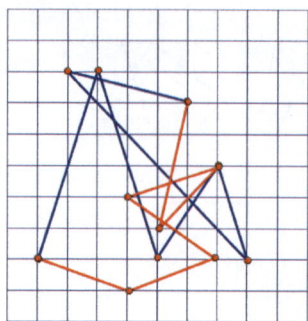

图　6-1-20-1

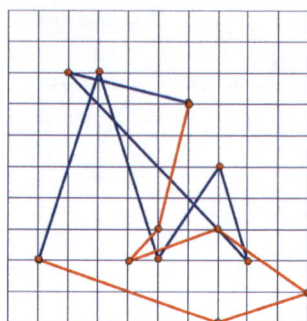

图　6-1-20-2

问题 **6-1-21**

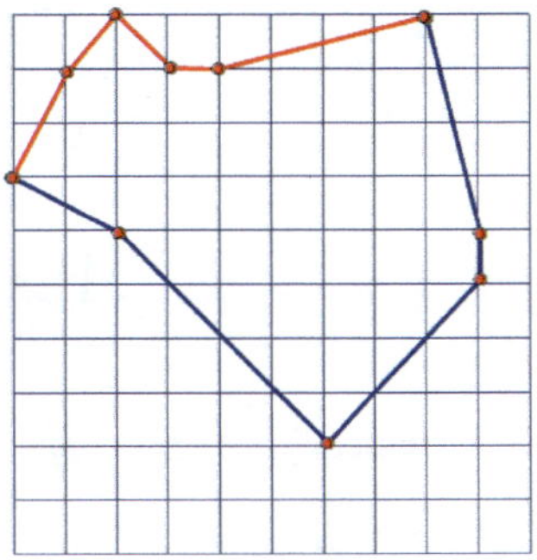

图　6-1-21-1

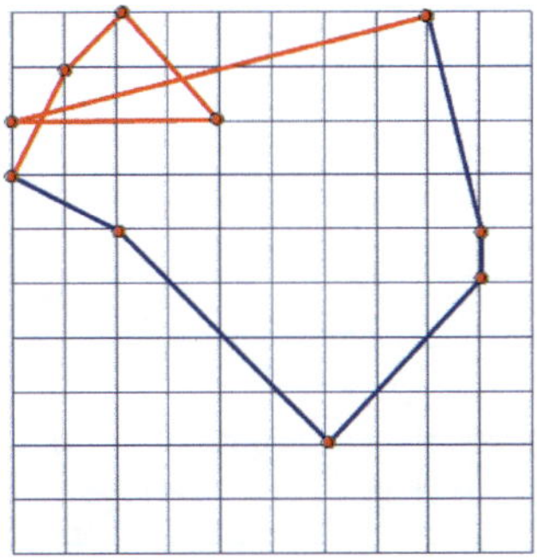

图　6-1-21-2

问题 **6-1-22**

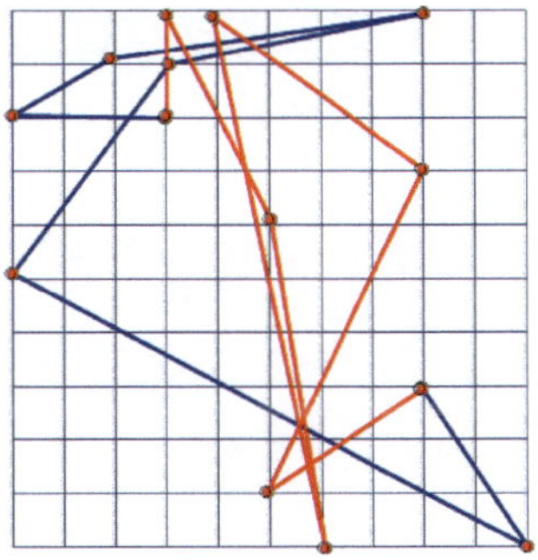

图　6-1-22-1

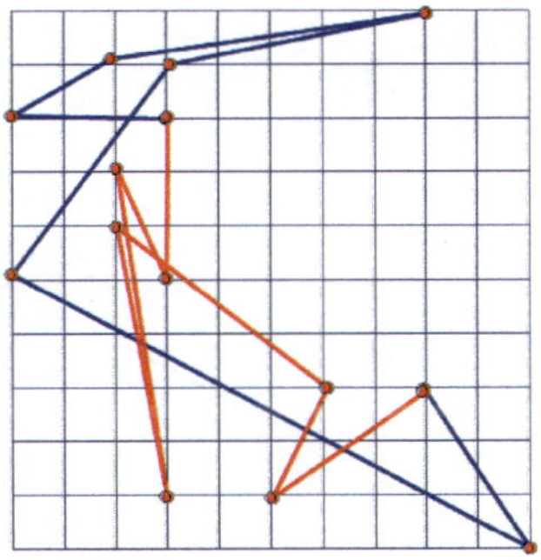

图　6-1-22-2

问题 6-1-23

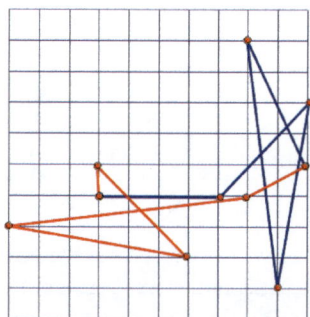

图 6-1-23-1

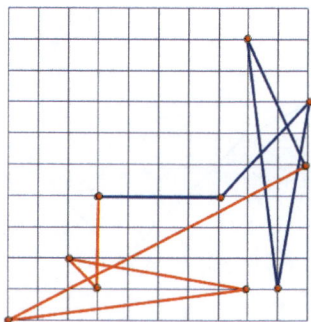

图 6-1-23-2

问题 6-1-24

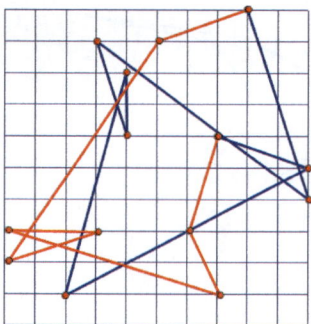

图 6-1-24-1

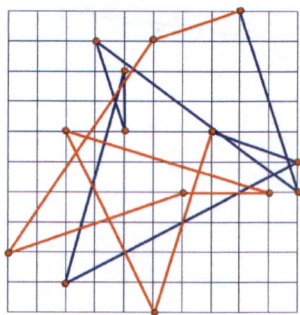

图 6-1-24-2

问题 **6-1-25**

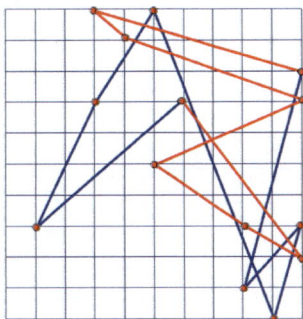

图　6-1-25-1

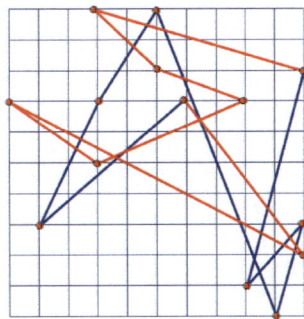

图　6-1-25-2

问题 **6-1-26**

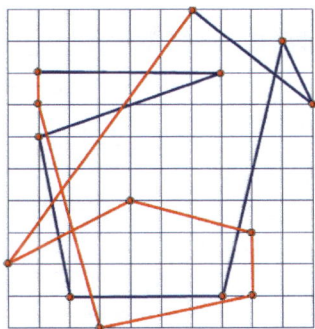

图　6-1-26-1

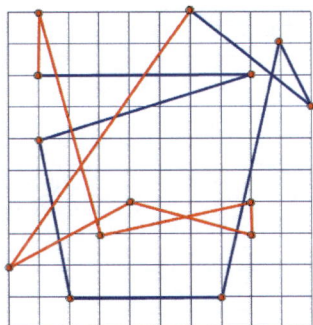

图　6-1-26-2

问题 6-1-27

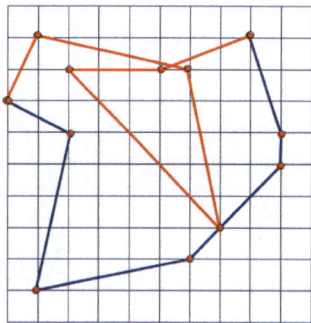

图　6-1-27-1

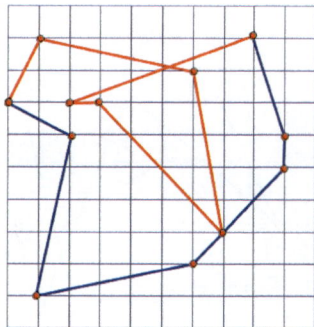

图　6-1-27-2

问题 6-1-28

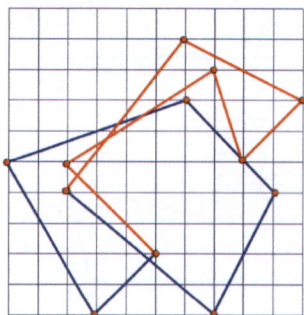

图　6-1-28-1

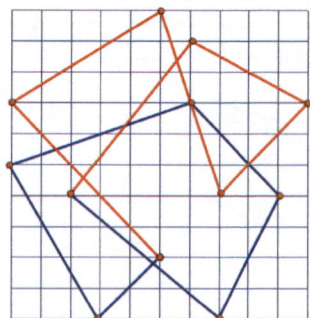

图　6-1-28-2

问题 6-1-29

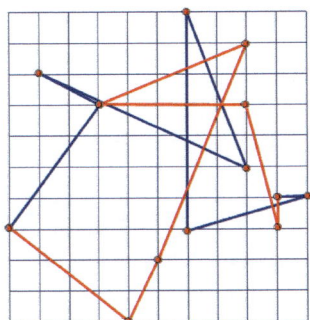

图 6-1-29-1

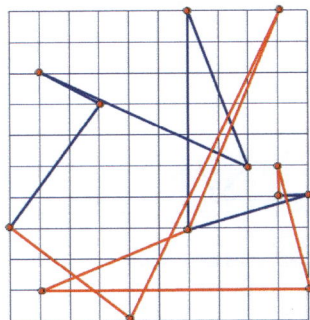

图 6-1-29-2

问题 6-1-30

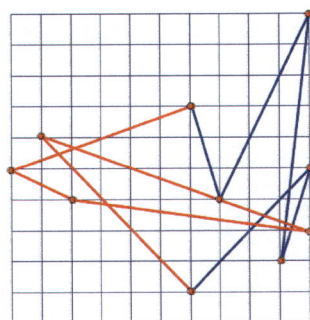

图 6-1-30-1

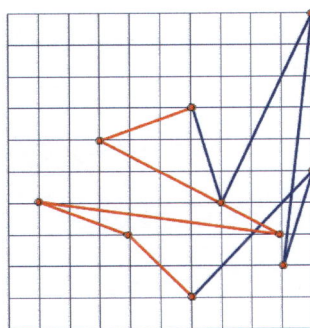

图 6-1-30-2

问题 **6-2-1**

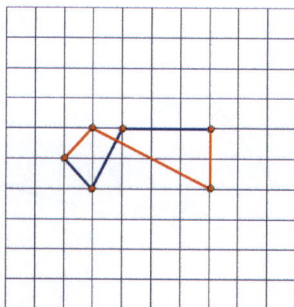

图　6-2-1-1

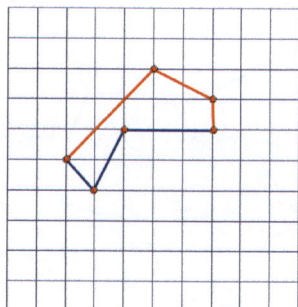

图　6-2-1-2

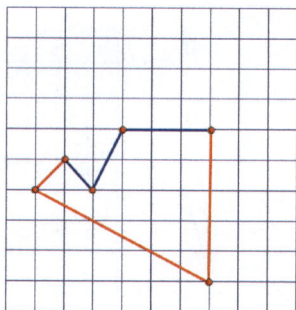

图　6-2-1-3

问题 6-2-2

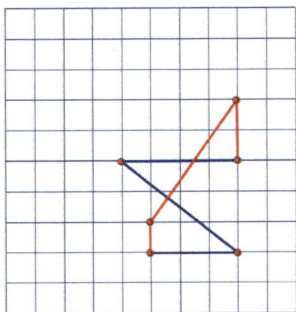

图　6-2-2-1

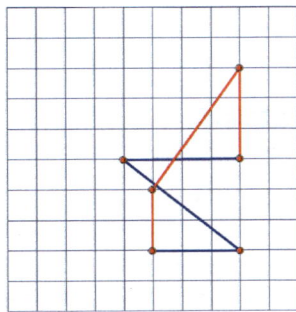

图　6-2-2-2

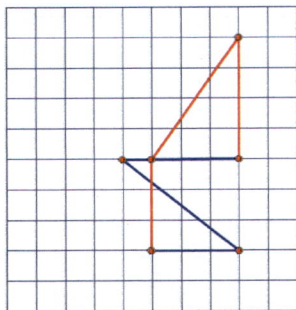

图　6-2-2-3

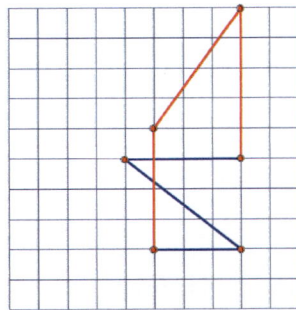

图　6-2-2-4

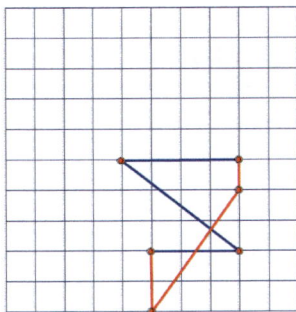

图　6-2-2-5

问题 6-2-3

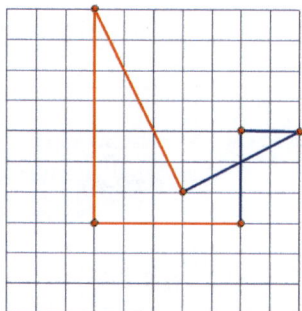

图 6-2-3-1

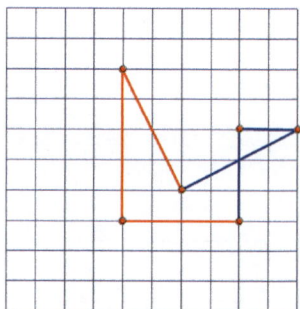

图 6-2-3-2

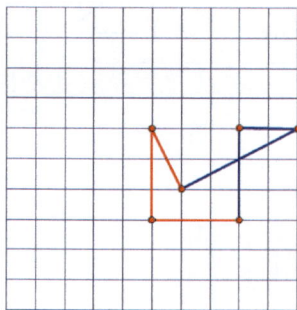

图 6-2-3-3

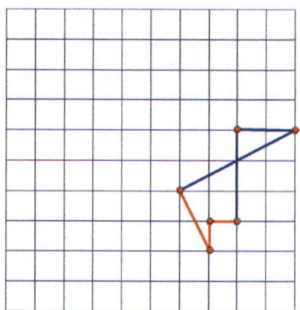

图 6-2-3-4

问题 6-2-4

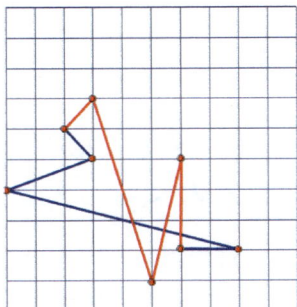

图　6-2-4-1

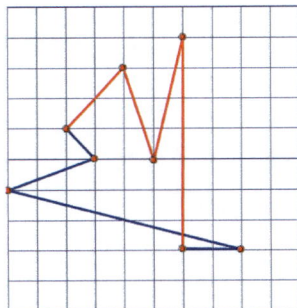

图　6-2-4-2

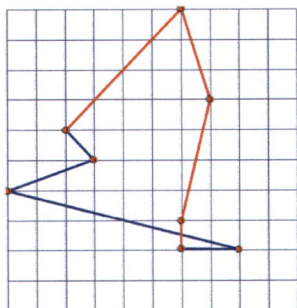

图　6-2-4-3

问题 6-2-5

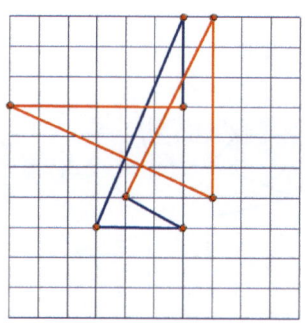

图 6-2-5-1

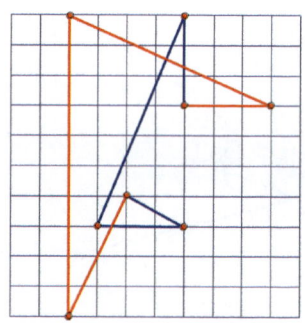

图 6-2-5-2

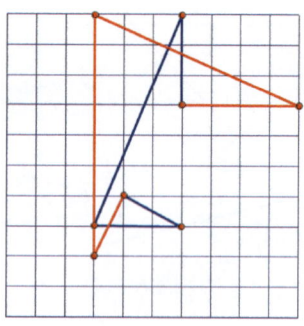

图 6-2-5-3

问题 6-2-6

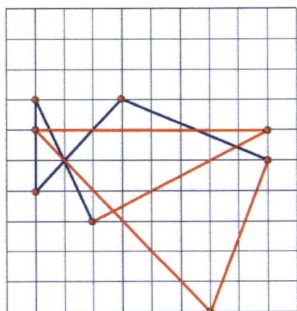

图　6-2-6-1

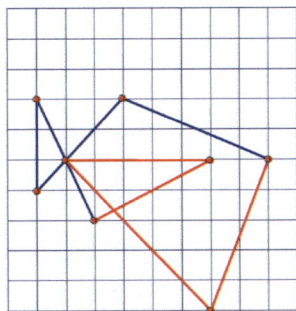

图　6-2-6-2

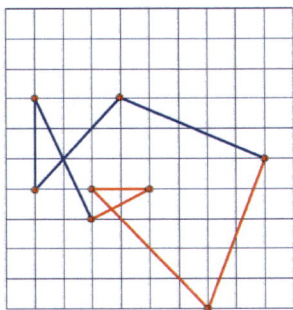

图　6-2-6-3

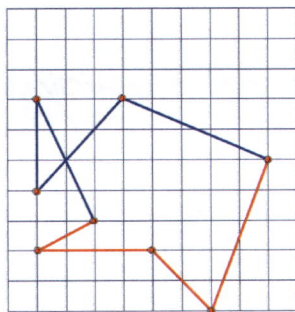

图　6-2-6-4

问题 6-2-7

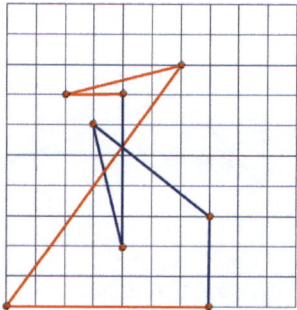

图 6-2-7-1

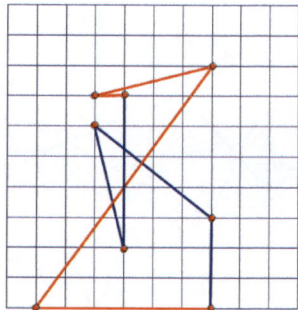

图 6-2-7-2

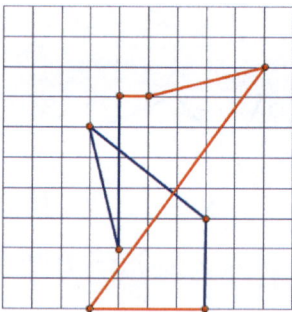

图 6-2-7-3

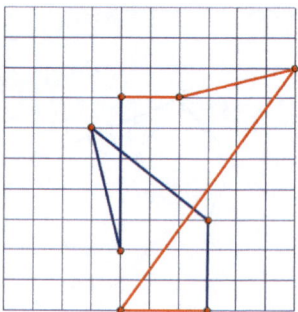

图 6-2-7-4

問題 6-2-8

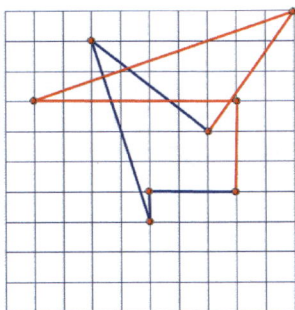

图　6-2-8-1

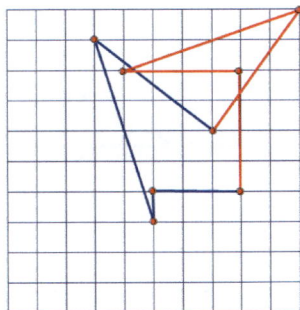

图　6-2-8-2

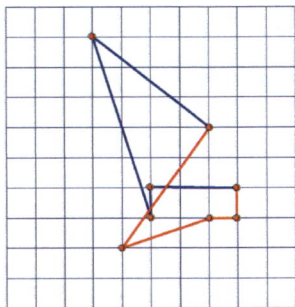

图　6-2-8-3

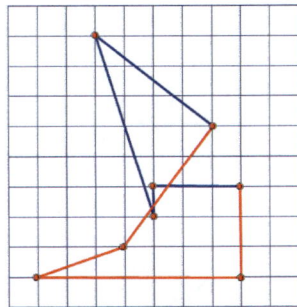

图　6-2-8-4

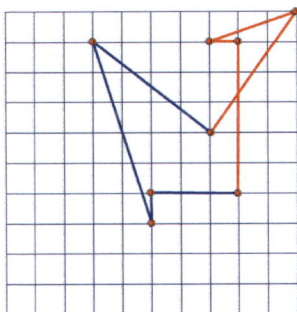

图　6-2-8-5

问题 6-2-9

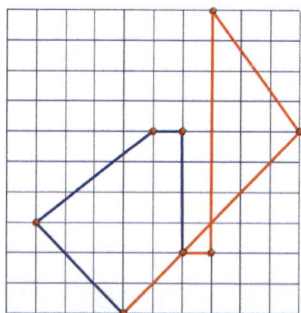

图 6-2-9-1

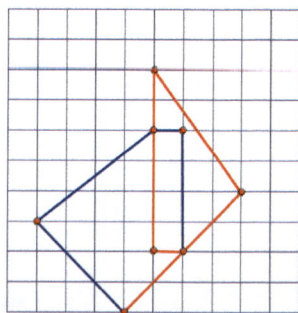

图 6-2-9-2

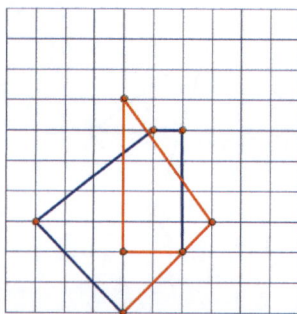

图 6-2-9-3

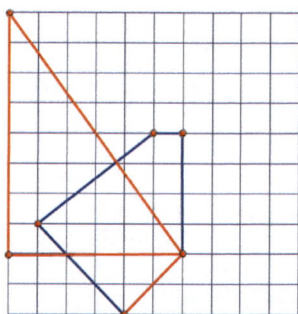

图 6-2-9-4

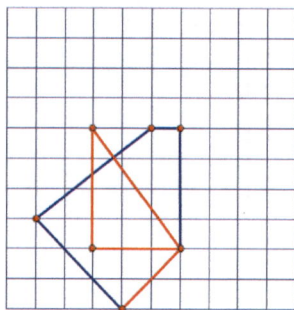

图 6-2-9-5

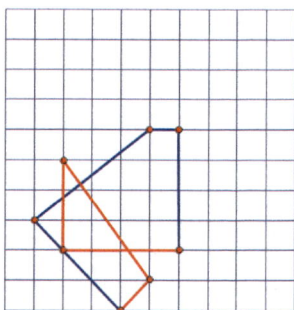

图 6-2-9-6

问题 6-2-10

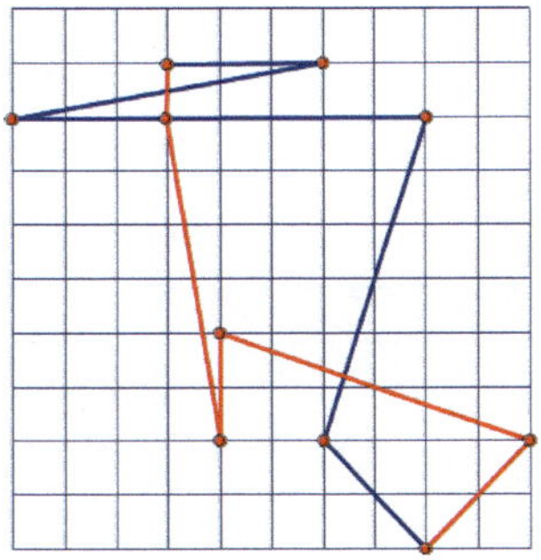

图　6-2-10-1

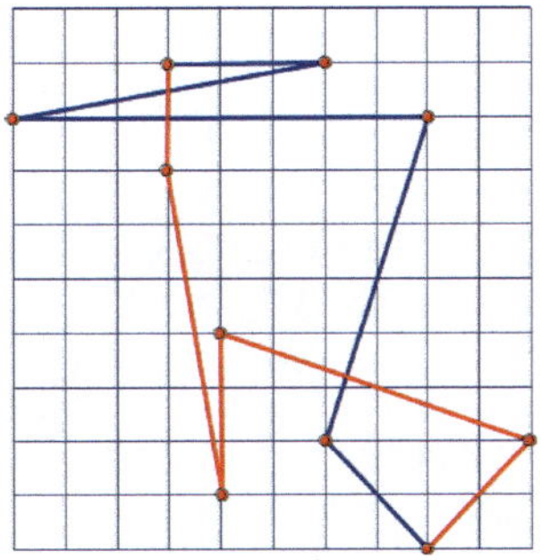

图　6-2-10-2

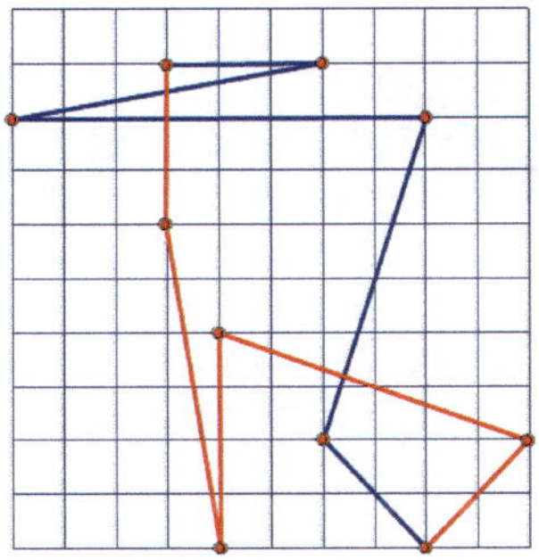

图　6-2-10-3

问题 6-2-11

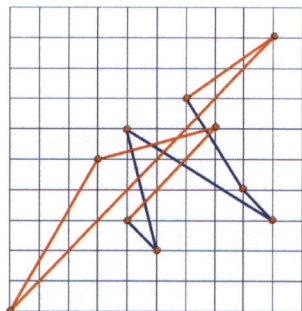

图　6-2-11-1

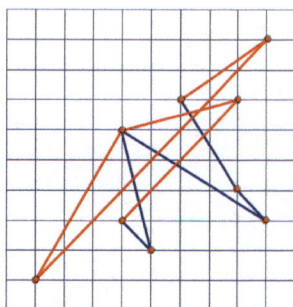

图　6-2-11-2

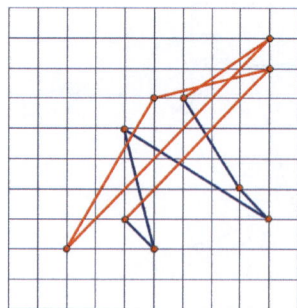

图　6-2-11-3

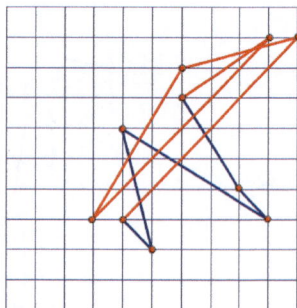

图　6-2-11-4

问题 6-2-12

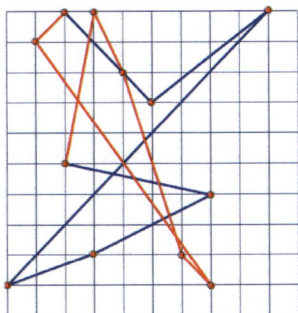

图　6-2-12-1

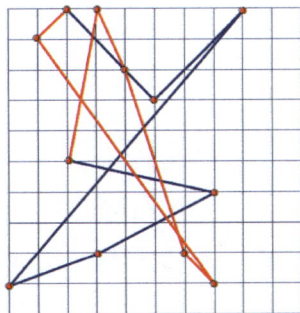

图　6-2-12-2

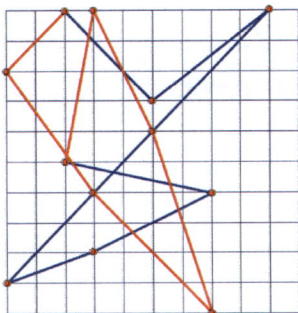

图　6-2-12-3

问题 6-2-13

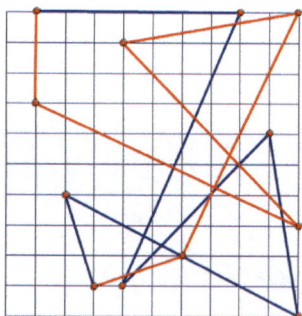

图　6-2-13-1

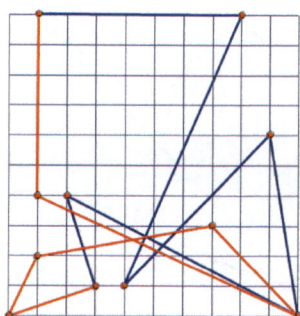

图　6-2-13-2

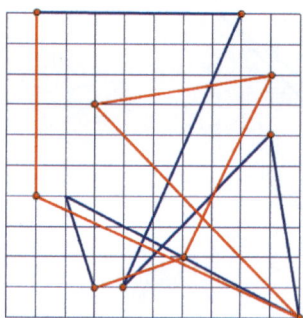

图　6-2-13-3

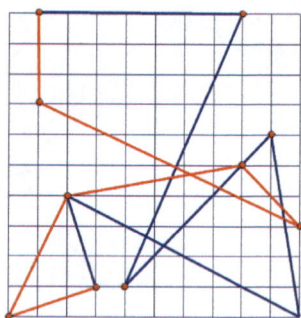

图　6-2-13-4

问题 6-2-14

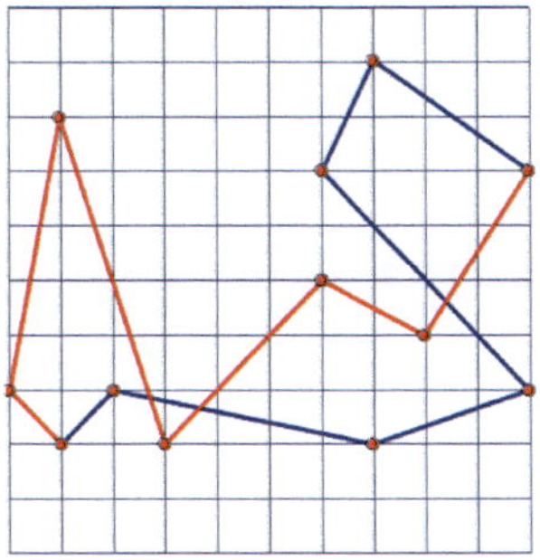

图　6-2-14-1

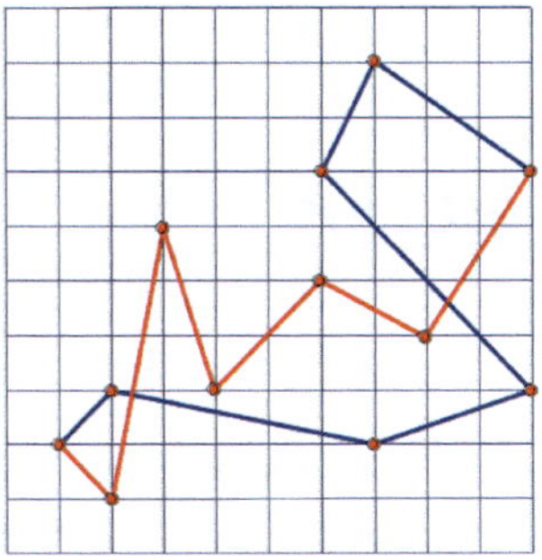

图　6-2-14-2

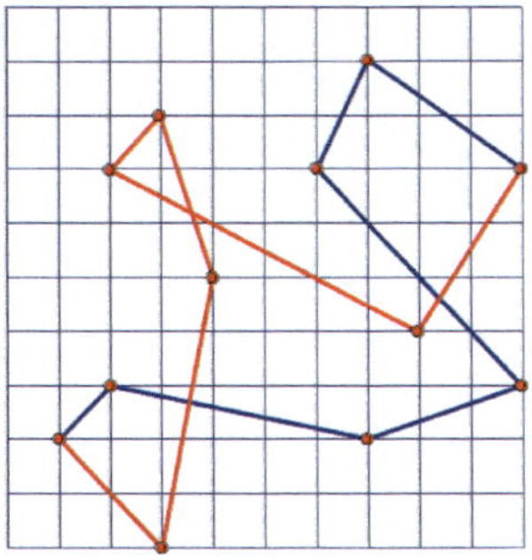

图　6-2-14-3

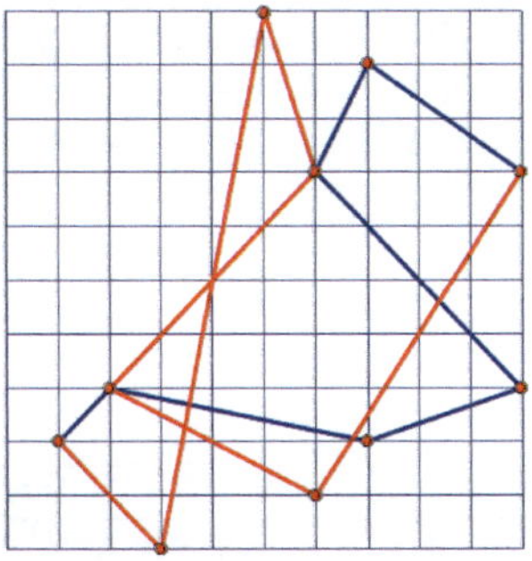

图　6-2-14-4

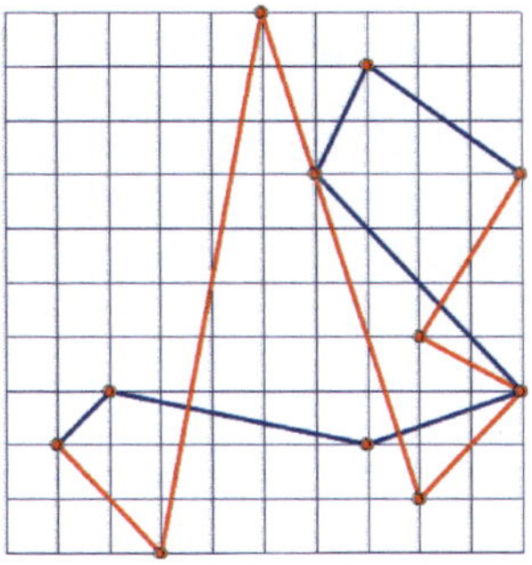

图　6-2-14-5

问题 6-2-15

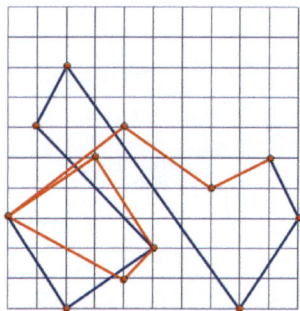

图　6-2-15-1

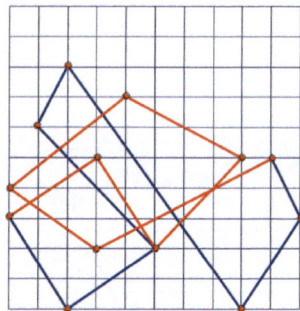

图　6-2-15-2

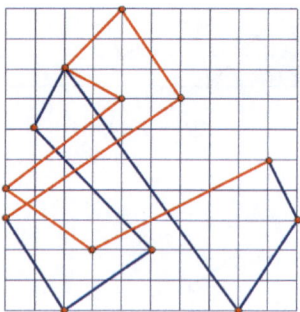

图　6-2-15-3

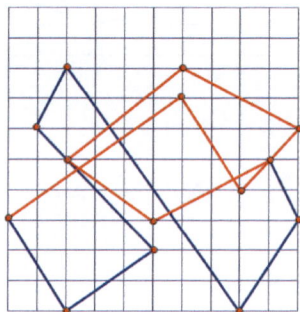

图　6-2-15-4

问题 6-2-16

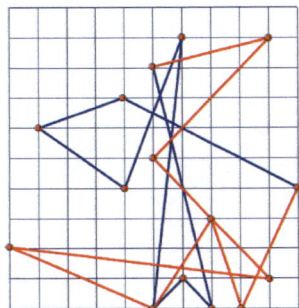

图　6-2-16-1

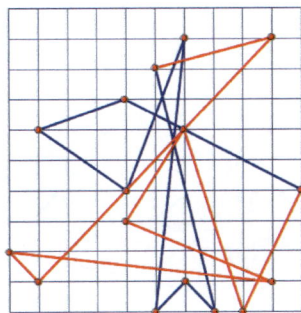

图　6-2-16-2

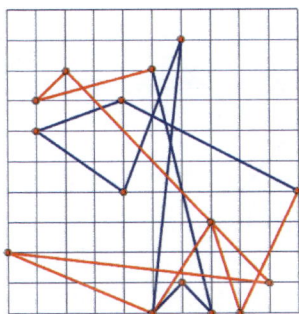

图　6-2-16-3

问题 6-2-17

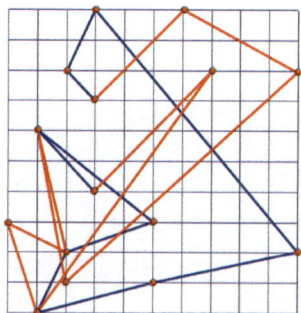

图 6-2-17-1

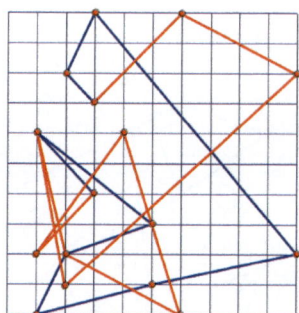

图 6-2-17-2

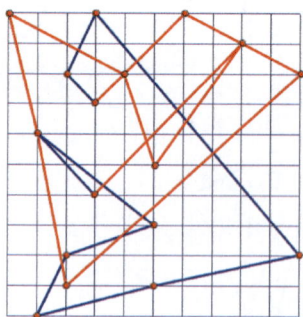

图 6-2-17-3

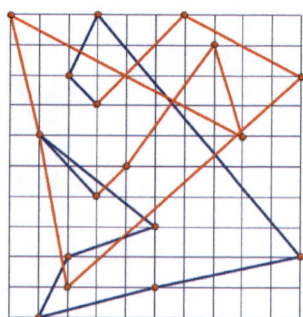

图 6-2-17-4

问题 **6-2-18**

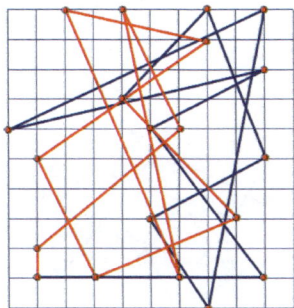

图　6-2-18-1

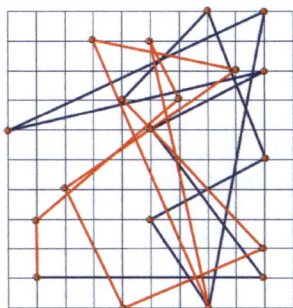

图　6-2-18-2

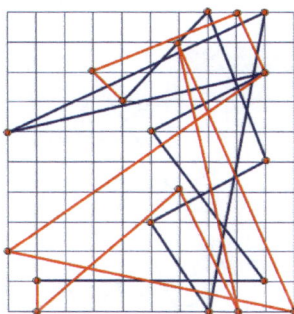

图　6-2-18-3

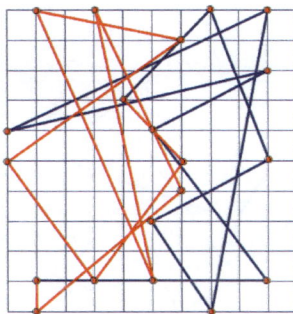

图　6-2-18-4

问题 6-2-19（共 8 种解法，其中 4 种解法如下）

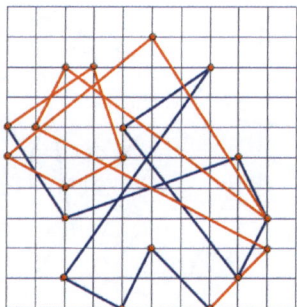

图　6-2-19-1

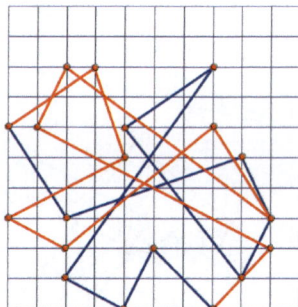

图　6-2-19-2

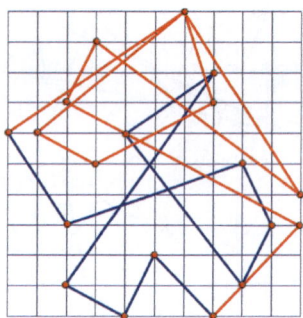

图　6-2-19-3

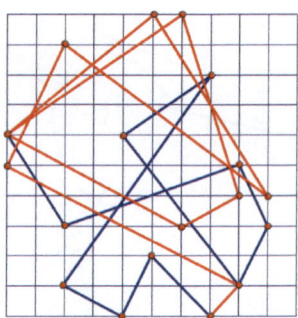

图　6-2-19-4

问题 6-2-20

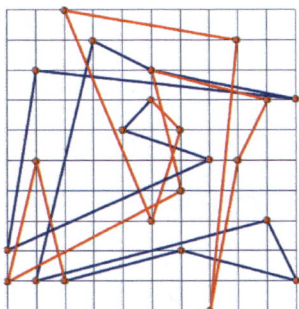

图　6-2-20-1

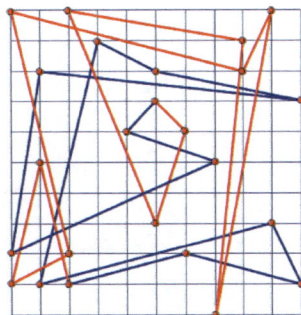

图　6-2-20-2

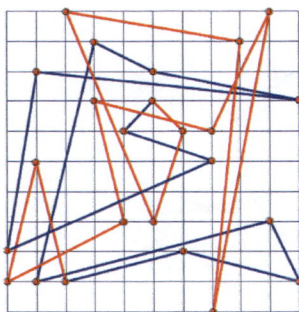

图　6-2-20-3

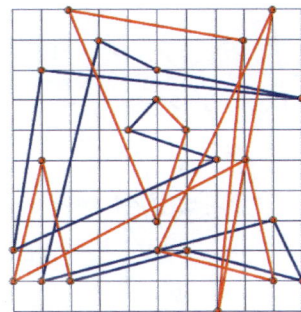

图　6-2-20-4

问题 **6-2-21**

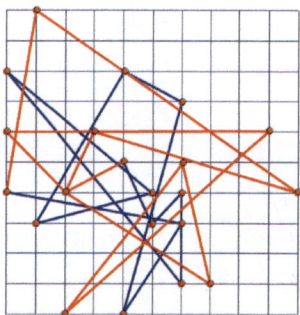

图　6-2-21-1

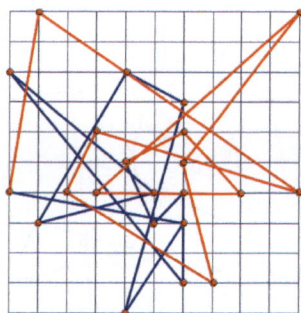

图　6-2-21-2

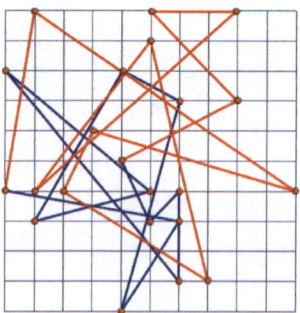

图　6-2-21-3

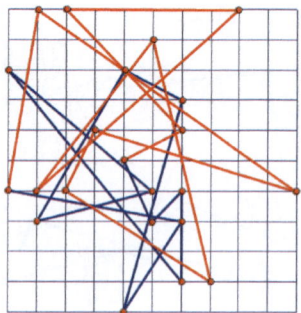

图　6-2-21-4

问题 **6-2-22**

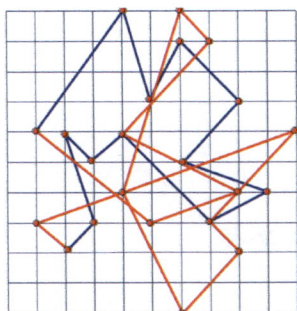

图　6-2-22-1

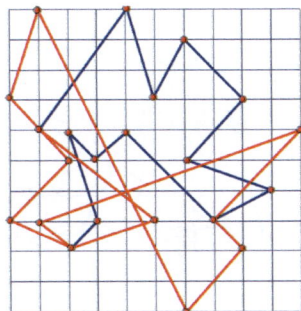

图　6-2-22-2

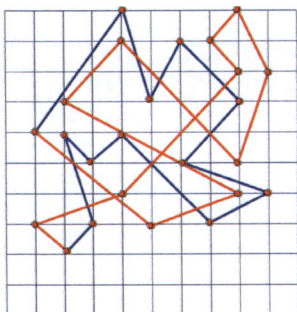

图　6-2-22-3

問題 **6-2-23**

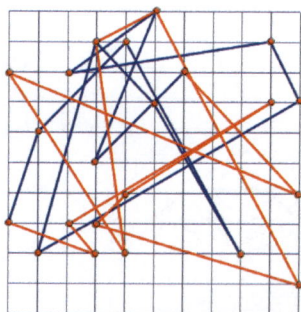

图　6-2-23-1

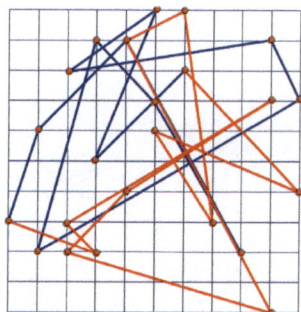

图　6-2-23-2

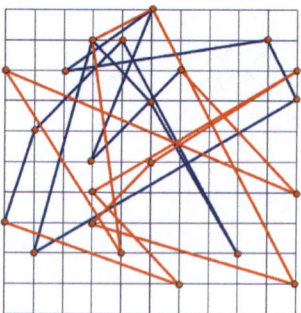

图　6-2-23-3

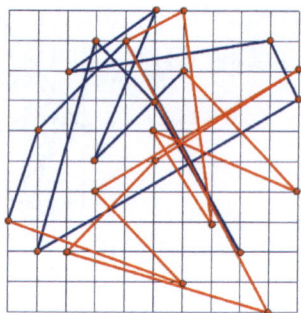

图　6-2-23-4

问题 6-2-24

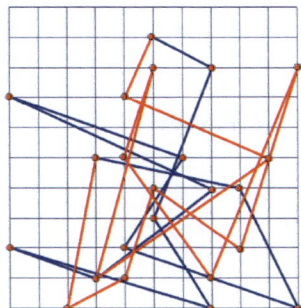

图　6-2-24-1

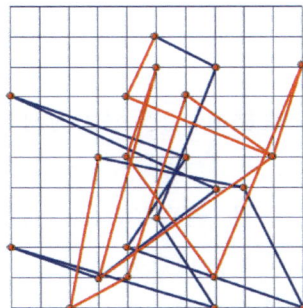

图　6-2-24-2

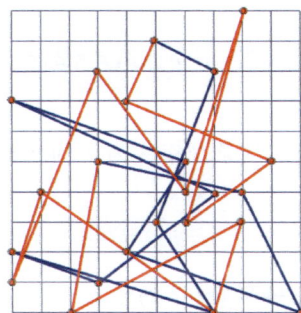

图　6-2-24-3

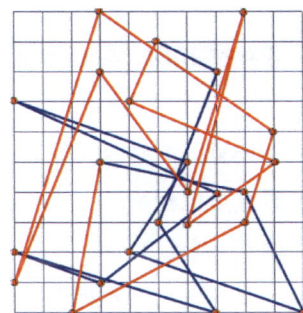

图　6-2-24-4

附 录 1

第 1 章 1.2 节中的性质七

性质七：在无限大的网格中,不存在由 4 条以上线段组成的形独.

证明：若存在,设形独为 (C,C').

设 C 的顶点为 $C_1,C_2,\cdots,C_n$,

设 C' 的顶点为 $C_1',C_2',\cdots,C_n'$,其中 $C_1'=C_1$, $C_n'=C_n$.

考虑折线 $C_{n-3}C_{n-2}C_{n-1}C_n$ 与 $C_{n-3}'C_{n-2}'C_{n-1}'C_n'$,

作折线 E,顶点为 E_{n-3}, E_{n-2}, E_{n-1}, E_n,其中 $E_{n-3}=C_{n-3}'$, $E_n=C_n'$.

若存在 E_iE_{i+1} 与 $C_i'C_{i+1}'$ 平行或共线, $i=n-3,n-2,n-1$,那么 (C,C') 就不为形独.

以任意一个格点为原点,过该点的两条网格线为 x 轴 y 轴建立平面直角坐标系.

设 $C_{n-2}'(m,n)$, $C_{n-1}'(a,b)$,

由于 $C_{n-3}'C_{n-2}'$ 不同时与 x 轴, y 轴平行,不妨设 $C_{n-3}'C_{n-2}'$ 不与 y 轴平行.

① 当 $C_n'C_{n-1}'$ 不与 y 轴平行

设 $C_{n-3}'C_{n-2}'$ 斜率为 p/q, $p,q\in\mathbf{Z}$, $q\neq0$.

因为 C_{n-3}', C_{n-2}' 为格点,所以 C_{n-3}', C_{n-2}' 斜率 $\in\mathbf{Q}$.

并设 $C_n'C_{n-1}'$ 斜率为 u/v, $u,v\in\mathbf{Z}$, $v\neq0$.

则对于任意 $k,t \in \mathbf{Z}$,

$(m+kq, n+kp)$ 在 $C'_{n-3}C'_{n-2}$ 上,

$(a+tv, b+tu)$ 在 $C'_{n-1}C'_n$ 上.

令 $c=a-m, d=b-n$,

$(m+kq, n+kp)$ 与 $(a+tv, b+tu)$ 的连线平行于 $C'_{n-1}C'_{n-2}$,

$\Leftrightarrow [b+tu-(n+kp)](a-m)=(b-n)[a+tv-(m+kq)]$

$\Leftrightarrow (a-m)(tu-kp)=(b-n)(tv-kq)$

因此取 $t=e(cp-dq), k=e(cu-dv), e\in\mathbf{Z}, e\neq 0$ 即可使 $(m+kq, n+kp)$ 与 $(a+tv, b+tu)$ 的连线平行于 $C'_{n-1}C'_{n-2}$.

又因为 $C'_{n-3}C'_{n-2}C'_{n-1}C'_n$ 连续三点不共线,

所以 $cp-dq, cu-dv$ 均不为 0.

同时,e 有无数个值,即存在无穷多条与 $C'_{n-3}C'_{n-2}C'_{n-1}C'_n$ 连续平行且起点与终点为 $C'_{n-3}C'_n$ 的折线 E.

所以,C 有无穷多个答案,与 (C,C') 为形独矛盾.

② 当 $C'_n C'_{n-1}$ 与 y 轴平行

设 $C'_{n-3}C'_{n-2}$ 斜率为 $p/q, p,q\in\mathbf{Z}, q\neq 0$

则对于任意 $k,t\in\mathbf{Z}$,

$(m+kq, n+kp)$ 在 $C'_{n-3}C'_{n-2}$ 上,

$(a, b+t)$ 在 $C'_{n-1}C'_n$ 上.

只需证明存在无穷多组 k,t 使 $(m+kq, n+kp)$ 与 $(a, b+t)$ 的连线平行于 $C'_{n-1}C'_{n-2}$,

与①同理,令 $c=a-m, d=b-n$,

取 $t=e(cp-dq), k=ec, e\in\mathbf{Z}$ 即可.

又因为 $C'_{n-3}C'_{n-2}C'_{n-1}C'_n$ 连续三点不共线,

所以，$cp-dq,c$ 均不为 0.

同时，e 有无数个值，即存在无穷多条与 $C'_{n-3}C'_{n-2}C'_{n-1}C'_n$ 连续平行且起点与终点为 $C'_{n-3}C'_n$ 的折线 E.

所以，C 有无穷多个答案，与 (C,C') 为形独矛盾.

因此，原结论成立.

附　录　2

第1章1.3节中的性质十一

性质十一：在无限大的网格中，不存在空间形独.

证明：设空间中有空间 CG 图 (C,C').

设 C 的顶点为 $C_1,C_2,\cdots,C_n$，

设 C' 的顶点为 $C_1',C_2',\cdots,C_n'$，其中 $C_1'=C_1$，$C_n'=C_n$.

考虑折线 $C_1C_2C_3$ 与 $C_1'C_2'C_3'$，

当 $C_1C_2C_3$ 与 $C_1'C_3'$ 为定点时，若 C_2' 的坐标有且只有一个值，则 (C,C') 可能为形独，否则 (C,C') 一定不为形独.

以任意一个格点为原点，过该点的三条网格线为 x 轴 y 轴 z 轴建立直角坐标系.

设 $C_1(a_1,b_1,c_1)$，$C_2(a_2,b_2,c_2)$，$C_3(a_3,b_3,c_3)$，

$a_1,b_1,c_1,a_2,b_2,c_2,a_3,b_3,c_3\in\mathbf{Z}$.

由于 $a_1=a_2$，$b_1=b_2$，$c_1=c_2$ 不同时成立，不妨设 $c_1\neq c_2$.

① 当 $c_3\neq c_2$

令 $p_1=-(a_1-a_2)/(c_1-c_2)$，$q_1=-(b_1-b_2)/(c_1-c_2)$，

$\quad p_2=-(a_3-a_2)/(c_3-c_2)$，$q_2=-(b_3-b_2)/(c_3-c_2)$，

$p_1,p_2,q_1,q_2\in\mathbf{Q}$.

那么，与 C_1C_2 垂直的平面为

$$z=-(a_1-a_2)x/(c_1-c_2)-(b_1-b_2)y/(c_1-c_2)+t_1$$
$$=p_1x+q_1y+t_1,$$

t_1 为任意值.

与 C_3C_2 垂直的平面为

$$z = -(a_3 - a_2)x/(c_3 - c_2) - (b_3 - b_2)y/(c_3 - c_2) + t_2$$
$$= p_2 x + q_2 y + t_2,$$

t_2 为任意值.

取 $t_1 = t_1'$, $t_2 = t_2'$, 使

$$z = p_1 x + q_1 y + t_1' \text{ 过 } C_1'.$$
$$z = p_2 x + q_2 y + t_2' \text{ 过 } C_3'.$$

因为 $C_1'C_3'$ 为整点, 解析式系数均为有理数, $t_1', t_2' \in \mathbf{Q}$.

所以, C_2' 为直线 $z = p_1 x + q_1 y + t_1' = p_2 x + q_2 y + t_2'$ 上的任意整点.

i) 当 $q_1 \neq q_2$

C_2' 坐标满足

$$y = [(p_1 - p_2)x + t_1' - t_2']/(q_2 - q_1)$$
$$z = p_1 x + q_1[(p_1 - p_2)x + t_1' - t_2']/(q_2 - q_1) + t_1'$$

又 $p_1, p_2, q_1, q_2, t_1', t_2' \in \mathbf{Q}$.

该直线系数为有理数.

有 $u_1, v_1, k_1, r_1, u_2, v_2, k_2, r_2 \in \mathbf{Z}$, 使

$$y = (u_1/v_1)x + k_1/r_1$$
$$z = (u_2/v_2)x + k_2/r_2$$

设 $C_2'(m_2, n_2, s_2)$,

$$n_2 = (u_1/v_1)m_2 + k_1/r_1$$
$$s_2 = (u_2/v_2)m_2 + k_2/r_2$$

若方程无整数解, C' 不存在, 不为形独.

若方程有整数解, 设解中的一个为 m_2', n_2', s_2',

$$n_2' = (u_1/v_1)m_2' + k_1/r_1$$

$$s'_2 = (u_2/v_2)m'_2 + k_2/r_2$$

以上方程中 $m'_2, n'_2, s'_2 \in \mathbf{Z}$.

令 $m''_2 = m'_2 + v_1 v_2 e$,

那么 $n''_2 = n'_2 + u_1 v_2 e, s''_2 = s'_2 + u_2 v_1 e.$

其中 $e \in \mathbf{Z}$,因此 $m''_2, n''_2, s''_2 \in \mathbf{Z}$.

又 e 有无数个值,m''_2, n''_2, s''_2 也有无数个值,即有无数个 C'_2.

符合条件,因而 C 有无数个解,(C, C') 不为形独.

ii) 当 $q_1 = q_2$

由于 C_1, C_2, C_3 不共线,因此 $p_1 \neq p_2$,

C'_2 坐标满足

$$x = (t'_2 - t'_1)/(p_1 - p_2)$$
$$z = p_1(t'_2 - t'_1)/(p_1 - p_2) + q_1 y + t'_1$$

该直线系数为有理数.

与 i)同理,不存在 C'_2 或存在无数个 C'_2.

② 当 $c_3 = c_2$ 且 $b_2 \neq b_3$

那么,令 $p_1 = -(a_1 - a_2)/(c_1 - c_2), q_1 = -(b_1 - b_2)/(c_1 - c_2)$,

与 $C_1 C_2$ 垂直的平面为

$$z = -(a_1 - a_2)x/(c_1 - c_2) - (b_1 - b_2)y/(c_1 - c_2) + t_1$$
$$= p_1 x + q_1 y + t_1$$

t_1 为任意值.

与 $C_3 C_2$ 垂直的平面为

$$y = (a_2 - a_3)x/(b_3 - b_2) + t_2$$

t_2 为任意值.

取 $t_1 = t'_1, t_2 = t'_2$ 使

$$z = p_1 x + q_1 y + t'_1 \text{过} C'_1.$$
$$y = (a_2 - a_3)x/(b_3 - b_2) + t'_2 \text{过} C'_3.$$

因为 $C_1'C_3'$ 为整点, 解析式系数均为有理数, $t_1', t_2' \in \mathbf{Q}$.

那么 C_2' 坐标满足

$$z = p_1 x + q_1 y + t_1'$$
$$= p_1 x + q_1 [(a_2 - a_3) x / (b_3 - b_2) + t_2'] + t_1'$$
$$y = (a_2 - a_3) x / (b_3 - b_2) + t_2'$$

该直线系数为有理数.

与①同理, 不存在 C_2' 或存在无数个 C_2'.

③ 当 $c_3 = c_2$ 且 $b_2 = b_3$

那么, 令 $p_1 = -(a_1 - a_2)/(c_1 - c_2)$, $q_1 = -(b_1 - b_2)/(c_1 - c_2)$,

与 $C_1 C_2$ 垂直的平面为

$$z = -(a_1 - a_2) x / (c_1 - c_2) - (b_1 - b_2) y / (c_1 - c_2) + t_1$$
$$= p_1 x + q_1 y + t_1$$

t_1 为任意值.

与 $C_3 C_2$ 垂直的平面为

$$y = t_2$$

t_2 为任意值.

取 $t_1 = t_1'$, $t_2 = t_2'$, 使

$$z = p_1 x + q_1 y + t_1' \text{过} C_1'.$$
$$y = t_2' \text{过} C_3'.$$

(因为 $C_1'C_3'$ 为整点, 解析式系数均为有理数, $t_1', t_2' \in \mathbf{Q}$)

C_2' 在直线 $z = p_1 x + q_1 t_2' + t_1'$ 和 $y = t_2'$ 上.

该直线系数为有理数.

与①同理, 不存在 C_2' 或存在无数个 C_2'.

综上, 原结论成立.

后　记

　　通过一年的努力,《形独》一书终于完稿. 本书是在建设创新型国家这个大的背景下,在"全面整理、推出精品"的理念下,在《点可点、非常点——中学数学中的格点问题》一书成功出版的激励下,由众多人员参与完成的一个从概念、理论、方法上全部创新的一个作品.

　　回顾成书的过程,我们感觉这不仅仅是一部著作,简直就是一个工程. 2011 年 7 月,我们就有了"形独"这一概念,8 月为教育部基础课程教材中心主办的"2011 年青少年科技营——走进奇妙的数学世界"活动作了题为"点可点、非常点——形独"的讲座;2011 年 9 月至 2012 年 6 月,为"探索拔尖创新人才模式"课题作了"形独"专题讲座. 通过这些活动实践,我们完善了想法,积累了资料,2012 年中考后我们开始本书的写作.

　　对本书编写有贡献的人还有:清华大学附属中学初中 2003 级胡瑞、蔡澄、党琦;初中 2006 级任飞、卢舸;初中 2009 级王芝菁、韩晓窗、刘晨、刘天一、李泓睿、柳裕文、万子昱、杨迪岚、张胤泰、王梓安、齐天博;初中 2011 级 8 班的全体同学. 另外,本书参考了 2011 年 8 月数学科技营的部分论文.

　　感谢清华大学附属中学王殿军校长提供了展示的平台,感谢清华大学出版社卢先和副社长的大力支持.